スタッフ30名以下の介護事業の「防災BCP（事業継続計画）」

山口泰信 著

セルバ出版

はじめに

本書を手に取っていただきましたことに感謝申し上げます。

本書を各事業所に置くことで、地震災害などの自然災害やパンデミックに小さな事業所が対応するための意識改革になり、ＢＣＰ（事業継続計画）を作成する最初の手始めになることを願っています。

ＢＣＰ（Business Continuity Plan）は事業継続計画の略称で、自分たちの組織や施設が、その目的や重要な役目を維持するために、事業や作業・サービスを提供し続けるための事前計画のことです。以下、本文ではＢＣＰまたはＢＣＰ（事業継続計画）と記します。

介護ＢＣＰでは、施設の利用者とスタッフを自然災害から守ることが一番重要です。

本書では具体的な策定体制のつくり方、防災意識の上げ方、アンケート実施方法、防災訓練の方法、いざというときのラップの使い方、WiFi の置き場からコンセントまで詳しく書いています。また、介護事業者だけではなく、介護施設と契約しようとする方や、さらに一般の企業の方にもお読みいただければ幸いです。

１９９５年1月17日に阪神淡路大震災が起こり、２日後、たまたま自転車で日本一周していた26歳の私が神戸生田中学校避難所にたどり着き、最初に到着した外部ボランティア1号として手ぶらで支援活動をはじめました。

当時の街はぐちゃぐちゃで、血に染まった包帯を巻いた傷だらけの神戸の人たちが徐々に増えて、神戸生田中学校の避難所は２３００人にも達しました。体育館だけでは足りないから各教室も開放されました。

携帯電話も普及しておらず、災害マニュアルもない状態でとにかく行動し、数日後には被災者から推されリーダーとして、通路確保から班編成、班長会議、物資の管理と配給、掃除当番、夜間警備隊編成、喧嘩の仲裁、４５０名のボランティアの受け入れなどを実行しました。

約3か月間寝泊まりしながら、ボランティアリーダーおよび避難所代表として活動しましたが、初期の頃は睡眠時間3時間ほどでした。

２００4年10月の中越地震のとき、私は地震で歪んだ道を新潟に向けてバイクで進み、大規模避難所で３０００名以上が避難していた小千谷総合体育館のリーダーに会いに行き、避難所運営の問題点と解決策などを話し合うことができ、避難者とボランティアの区別をつけるためにオレンジの布を支援しました。これはオレンジ色のバンダナを首や頭に巻くことでボランティアであることが一目でわかるためです。多くのボランティアに囲まれることは被災者の安心にもつながります。

その後も、大阪の仲間に金銭的支援を受け「野菜ジュース」を４０００本買い込み自前の４ＷＤワゴン車に乗せるだけ乗せて持って行き現場の方々に手渡ししました。

なぜ「野菜ジュース」なのかというと、阪神淡路のときには、避難者の皆さんが便秘に悩んでいても、野菜中心の食事を選べない状況に相当苦しんでいたからです。

その後、２００９年２月には防災・ＢＣＰ（事業継続計画）・３ＳＫ（整理整頓清掃・危機管理）の会社を起業しました。

２０１１年３月の東日本大震災では、防災指導中の山形の１００名ほどの精密部品製造工場で従業員の皆さんに現場巡回のコンサルタントをしている最中に地震が発生し、停電・雪が降る中の避難・何度も来る余震・情報連携・設備点検・通信機器確認・データサーバーの確認、帰宅指示などを工場長とともに実践しました。初動対応の実施です。

このときに痛烈に感じたことが、私が過去に経験してきたとおり、「計画書ではなく人の行動が災害を乗り越える」でした。

その後、１年間は毎月宮城県の石巻市の避難所などに行き、情報連携や文具支援連携、炊き出しなど支援させていただき、被災地研修ツアーなども実践することができました。

さて、神戸には「阪神・淡路大震災記念　人と防災未来センター」が、震災から得た貴重な教訓を世界共有の財産として後世に継承し、国内外の地震災害による被害軽減に貢献すること、および生命の尊さ、共生の大切さを世界に発信することを目的に２００２年に建設されました。

震災から25年記念の２０２０年１月17日に合わせたイベントとして１１７ＢＯＸプロジェクトが実施され、１１７人の震災当時の物や記録が30㎝四方の透明ＢＯＸに収められ１１７個のＢＯＸが人と防災未来センター会場に展示され、記念本も製版されましたが、残念ながらコロナ禍の影響で見学もまともにできなかったと聞いております。

私のＢＯＸの中には、全国から神戸生田中学にボランティアとして駆けつけてくれた数百名のボランティアカード、避難所の利用者様やボランティアのみんなから私への寄せ書きノート、私が当時避難所で使っていた大学ノート３冊（避難所の人数・区割り・役割分担・支援物資の数・配給物資のメニューなどを読めない字で記入したボロボロのノート）を人と防災未来センターの企画ディレクターの平林さんに推挙され１１７ＢＯＸにセットすることができました。震災時の活動が形になった瞬間でとても自分自身に誇りを感じました。

現在は、介護老人ホーム、訪問・通所介護施設を始め、ガソリンスタンド、工場、ホテル、居酒屋、レストラン、商社、大阪府教育委員会から学校防災アドバイザーとして学校や専門学校に防災講師として研修を行っています。

昨今のあらゆる自然災害（新型コロナウィルスを含む）は脅威を増しており、今までの訓練や実践では追いつかない状況です。

政府厚生労働省からは介護施設のＢＣＰ（事業継続計画）策定の指示が時限つき（２０２４年度）であり、計画書をつくり、訓練せよとのことです。

そこで、本書では、私はすべての業務向けではなく介護施設に特化し、できるだけ「わかりやすい本」「読みやすい本」「実践できる本」「行動できる本」になるように、事実と具体策をかなり盛り込んでまとめています。

私は、数多くの中小企業への３ＳＫ（整理整頓清掃・危機管理）とＢＣＰ（事業継続計画）のコンサルティングの経験で、組織は「実践を軸とする経営」、「改善を軸とする運営」で「安全・快適・効率的な職場をつくる」ことができ、スタッフのやり甲斐が向上し、利用者様、お客様に対して質の高いサービスを提供し続ける組織に生まれ変わることを実感しております。

本書と出会ったあなたとあなたの組織の防災意識が少しでも高まり、「失わなくてよい命」を一人でも多く救うことができれば私も幸せです。

山口　泰信

２０２１年11月

スタッフ30名以下の介護事業の「防災ＢＣＰ（事業継続計画）」目次

第3章　利用者様と従業員を守るためにやること

第4章 利用者様を守るためにやること

第5章　その他

第6章　介護BCP（事業継続計画）作成ポイント（厚生労働省老健局編）

この事例計画書作成を始めるにあたって
介護施設・事業所における自然災害発生時の業務継続計画

第7章　資料編

第1章　心得

1　自分が生き残ることの大切さ

あなたが生き残れば、適切な判断を後世に伝えられる

仮にあなたの介護事業所で30名弱の利用者が時間差で食事をしている最中に、火災が発生したとしましょう。あなたは、動ける利用者様を避難誘導します。その次に車椅子に乗せて安全地帯に移動させ、次は背負って、何度も往復して安全地帯に避難させます。仲間のスタッフも、警報機を押して119番通報（自動通報）を行ったり、初期消火をしたり、てんやわんやで火災対応を行っています。ストレッチャーの人も避難させて、一番奥の居室にいた車椅子の82歳の女性を1人残すだけになりました。

あなたは、最後の1人を救出するために背負っている利用者を若手に預け、自分は奥の居室へ行き救出して車椅子を押して、煙がもくもくする中をセンター通路まで来ました。そのとき炎と真っ黒の煙が前後から迫ってきて目も開けられず、方向がわからなくなりました。しかし、割れた窓が見えて、その割れたガラスをもっと割って飛び越えたら外に出られそうです。あなたは、車椅子から手を離して、窓から逃げて傷を負いながらも助かりました。

残念ながら、事業所は1人の女性を救出できませんでした。ここで後悔が始まります。

でも、あなたは、これからの災害でもっと素早い行動を、もっと適切な判断を後世に伝えていく

ことができます。また、次なる大規模災害が発生したときでも、必ずあなたの存在が役に立ちます。だから、あなた自身が生き残ることが大切です。

車椅子の方を窓から逃して、自分が煙に巻かれて動けなくなることはあってはならないのです。後悔しないように、次の文書をスタッフルームに掲示しましょう。

・仲間や利用者の生命の安全に全力を尽くす
・自分の命を諦めない
・迷ったとき、何を優先するか決めている
・迷わないから決断が早い

私たちは、自分の行動に迷いながら反省しながらも、やりがいを見つけて日々を過ごしています。自衛隊、消防士、救急救命士は目の前で救えない命もあり、医師や看護師、介護事業所でも「救える命は救いたい」と願い「去りゆく命」としているのです。

まず自分が助かり、次に助ける

２０１３年８月の夕刻、その緊急地震速報は結果的に誤報でした。

大阪の地下鉄御堂筋線に乗車しようと地下街を歩いているときでした。「緊急地震速報」が多くの人のスマートフォンから鳴り響きました。私のスマートフォンも鳴っていました。咄嗟に、出口に向けて走り出し、地上に出る寸前に落下物がないか上部を確認して、外に出ていちょう並木の一本の木の幹に避難しました。自動車が突っ込んでこない側に移動して、震源地情報など確認しましたが、地震が起きません。

「誤報かな?」と思ったら「後悔しました」。地下街の人に声もかけずに1人だけ避難したことに後悔したのでした。しかし、地下鉄への入り口をしばらく見ていて、救出するために、戻ることができる今の決断は正解だと思いました。

自分の役割は自分が助かり、次に助けることです。

2　なぜ、自分だけは大丈夫だと思うのか?

正常性バイアスの恐怖

「正常性バイアス」という心理学の専門用語がありますが、緊急事態が起こったときに、「正常の範囲」だと認識してしまう心の機能のことです。

人間にはとても重要な機能で、これがなければ些細な音などに四六時中ビクビクしていなくてはなりません。「正常性バイアス」は、その場の人数が多いほど機能し、船の沈没や電車の火災で避難が遅れる原因になります。

例えば、電車の踏切衝突事故で先頭付近の電車車両が燃えているのが8両目くらいから見えていて、8両目の乗客の1人が「やばくないですか? 逃げましょう」と言いました。

すると他の乗客１人が「線路に降りるほうが危険ですから、このまま待ちましょう」と言いました。結局、その電車の乗客は全員避難することになります。どのタイミングで避難するのか？　とても重要です。

この電車の運転手は避難誘導どころではありません。12両目の車掌は、社内連絡のつかない先頭車両の運転手の様子がわかりません。この車掌が冷静な判断ができているとは思えません。私は自力で電車の外の様子を観察します。車内の周りの人ではなく、電車の外の様子です。周りの人に同調すると、同調性バイアスが機能し同じ行動を取ってしまいます。

正解はわかりません。周りの判断ではなく、自分の判断で決断しましょう。

五感を信じて判断すること

東京に出張に行ったとき、たまたまその企業は山手線の線路近くのビルに事務所を構えていました。そのビルの会議室において、２人でＢＣＰ（事業継続計画）に関する打ち合わせをしていたときのことです。火災警報が「リーン」と鳴り響きました。

すぐに廊下に出て確認したところ「きな臭い」異臭がしましたので、避難を開始しました。もう１人は他のスタッフに声かけし、避難誘導をしました。私はバッグにパソコンをしまい、３階から階段を降りました。

次々と消防車が集まってきて、完全防護マスクでボンベを担いだ数名の消防隊が入り口から突入していきました。あっという間に消防車は20台くらいになり、道路にはロープで立ち入り禁止線が貼られ、野次馬も集まりただならぬ雰囲気でした。

ですが、9階の他の会社の人が窓を開けて見ていたまま逃げないのです。「正常性バイアス」の一例です。地上のバリケードの外から「避難してくださーい！」と私が9階に叫んでも、9階の会社の人たちは一向に避難しません。

結局、火災報知器が鳴ったのは配線ショートによる焦げが原因でした。この異臭騒動の1週間前にオウム真理教の逃亡者が逮捕されたところでの山手線路線付近「異臭騒動」だったわけなので、本当に何事もなくよかったです。

このように火災の連想ができる人と目の前の事実しか見えない人がいるわけですが、消防隊はしっかりとあらゆる可能性を連想して「臨戦体制」を取っていたことがわかります。

自分の五感を信じて判断し行動しましょう。

目視確認は最重要ですから、その場から移動して様子を見てみましょう。

3　BCP（事業継続計画）でも防災でも、とにかく死なない意識改革

知らぬは許されぬ、知ってただけでは役立たず、知って動いて生き残り

全国各地でBCP（事業継続計画）研修会をしていますと「この地域は防災意識が低いんです」

という言葉をよく聞くことがあります。その理由をお聞きすると、「台風もそうですが、大きな災害がなくどちらかというと、平穏な地域なんです」とお答えになります。

しかし、私がインターネットで調べると、断層がすぐ近くを通っていたり、１０００年前に大きな地震が起こっていたりとかいうことが結構あります。みんなが知らないのかと思うと、そうでもなく、防災勉強会の参加者の中には当然のように知ってた人も少数おられました。

あなたが障がい者や要介護、後期高齢者でないのであれば、次の文を認識してほしいです。

「知らぬは許されぬ、知ってただけでは役立たず、知って動いて生き残り、感謝されて人の道」

私が考えた標語ですが、ぜひ、施設に掲示してほしいです。

事業継続計画書を作成し、防災マニュアルも完成したとします。そこに、災害が発生した場合に、いつ、その事業継続計画書や防災マニュアルを開くのか？

答えは、ひと段落してからで、「実際に災害対応やったことが合っているのか？」「対応に漏れはないか？」「連絡先や人に対して漏れている箇所がないのか？」を確認するときに使います。

自動車のマニュアルと飛行機のマニュアル

自動車が今ぶつかろうとするとき、事故が起こっている最中、マニュアルを見ることは、絶対にありません。ところが飛行機の場合、ドラマや映画では、飛行中の機材トラブル時は、副操縦士がマニュアルを開いて確認している映像を見たことがあります。墜落を防止するためにできることが残っている可能性があり、対応可能な時間があるからです。

初動対応マニュアルの見方には2種類あるということです。

1つ目は、突発的な事象＝地震・津波・火災・自動車事故などは、「事前」と「事後」の確認しかできないです。

2つ目は、予測可能な事象＝台風・落雷・停電・感染・飛行機の機材トラブルなどは、最中に確認できます。

ある事象が発生し、対応までにマニュアル文書を確認する時間があるかどうかが決め手です。最近は、デジタルマニュアルも多く、BCP（事業継続計画）もクラウドで保管・閲覧する企業が増えてよいのですが、停電でも対応できるかも決め手になります。

いずれにしてもマニュアル完成後も、結局は体で覚えるしかありません。訓練、振り返り、アンケート、課題抽出、課題対処を繰り返し体で覚えるのです。死なないために、死なせないために、死ななくてよい命を守るため訓練と練習を実践するしかないのです。

訓練のための練習、練習のためのマニュアル読み、訓練で改善につなげる

意識を改革するには、継続的に、「考えて動く」ことを実施します。

それには、やはり訓練が一番です。訓練が初めての施設なら、次のようなやり方で行ってください。

・事前周知で行う（日時はもちろん役割や行動を必ず事前確認）

・多少真剣さがなくて笑っていてもオーケー
・ダラダラで、予定どおり訓練計画どおりできなくてもオーケー
・ケガ人役をいっぱいつくり、ケガの演技をしてもらい参加してもらう
「ダラダラ訓練」でもやったことは、体が覚えてます。慣れてくれば「キビキビ訓練」に変わっていきます。


訓練終了後できるだけ早くアンケートを実施して必ずまとめてください。

そのアンケート結果を数が多い順や内容ごとにまとめて掲示してください。防災に関することは「アナログ」が結構役立ちます。

アンケートで書いてもらう内容は次のとおりです
・部署・名前・災害時の役割
・参加してよかったこと
・訓練の改善点
・その他、ＢＣＰ（事業継続計画）や防災に関する質問や気づき
このアンケートは、ＢＣＰ文書の改善に役立てますから、そのつもりで考えながら行動します。
・事前説明や練習が足りなかった
・行動の順番や役割が間違っていた
・仕組みや備品が足りなかった

このようなことを「改善管理表」に記入し、計画的に備品購入・仕組の改善を行い、ＢＣＰ文書に追記します。

４　ＢＣＰ（事業継続計画）策定委員会でＢＣＰ仲間をつくる

ＢＣＰ（事業継続計画）仲間の選定の基準

ＢＣＰ（事業継続計画）を作成する場合、作成メンバーを最初につくります。かつ、２０２１年度版の作成メンバー表、２０２２年度改訂版の作成メンバー表と初版から改訂版に合わせて追記します。

作成段階では、必ず会社の役員（可能なら代表経営者）が仲間に入ることが必要で、やり方がわからない場合、次のとおりメンバーを構成してください。

・経営のことがわかる人
・施設のサービス業務の流れがわかる人（サービス業務経験者）
・サービスが複数ある場合は、関連性がわかる人
・建物や設備のことがわかる人
・デジタル文書や法的記録文書のことがわかる人
・パソコン（エクセル・ワード）操作の早い人
　関わり方には次の４種類があります。

A　最初から最後まで文書原案から入力そのものに関わる人
B　決定する事項に関わる人
C　必要な項目のみ助言的に関わる人
D　全員参加の訓練に関わる人
次に作成するのは、作成メンバーに対する「任命状」です。
「〇〇〇殿
あなたをＢＣＰ（事業継続計画書）作成委員に任命します。
〇〇年〇〇月〇〇日　代表取締役〇〇」
このようにつくり、役員含むコアメンバー4名以上で正式に進めていきます。

ＢＣＰ（事業継続計画）仲間を増やすために

仲間を増やすためには、ＢＣＰ（事業継続計画）の作成が始まったことを施設内にお知らせするのが一番です。お知らせの方法としては、アンケートを使います。

アンケートの内容は次の項目です。

「この度、私たちの施設でもＢＣＰ（事業継続計画）を作成することになりました。そこで、皆さんに防災とＢＣＰ（事業継続計画）に関する意識調査を行います」
・部署・名前・通常時の施設での役割

・自宅で災害対応備蓄品は保管していますか？（有無・内容を記入）
・自宅で災害時の連絡先や避難先を決めていますか？（有無・内容を記入）
・施設で災害が起こるとしたら可能性のある災害は？（考えられるすべてを記入）
・施設で災害やＢＣＰで用意したほうがよいと思う物品は？（考えられるすべてを記入）
・その他、ＢＣＰや防災に関する不安や質問・気づき

また、このアンケートも内容ごとにまとめてメールで返信すると共に掲示します。

この回答からＢＣＰに興味のある者を、前項の「Ｃ　必要な項目のみ助言的に関わる人」になってもらい、そのことを正式に口頭で伝えます。

アンケートを使って仲間を増やしましょう！

5　想像力をもって行動する

災害時は発想力が大事

ＢＣＰ（事業継続計画）の作成は、まだ起こってないことに対して、想像しながら仕組みをつくり、文書に落とし込む作業なので、想像力・発想力・経験が必要です。年齢が高いからつくれるわけではありません。

最も重要なのは、発想力です。想像して生み出す力です。

応急手当てが必要なとき、キッチン用のラップなどがあれば、ぐるぐる巻きにして止血に使えます。綺麗に覆いテープで止めれば、そのまま湿潤療法になります。物をくっつけてぐるぐる巻にしたり、布団をラップで丸めて少し高い座布団にして、避難生活を楽にしたります。

また食器にかぶせて使えば、食器洗いの必要がなくなり、食器洗いスポンジの代わりにもなり、寒いときは体に巻いて暖を取れます。太陽の出ているときに地面に穴を掘って穴の真ん中にカップを置き落とし穴を隠すようにラップをかぶせると、土の水分が蒸発してラップの内側を伝って、カップに一滴ずつ水が溜まり、飲水が確保できます。

災害時、ロープがあれば、何にでも使えます。水害や液状化しているところを、「電車ごっこ」みたいにロープを手に持って一列に進んでいくことができます。一番先頭の人は、長い棒で足元の安全を確認しながら先導を務めると、側溝やひび割れや、マンホールに足を取られずに進めます。

ロープは立ち入り禁止にも使え、セキュリティーの強化にも使えます。

人をおんぶするときも、救助するときも、物を縛って上げたり下げたりすることもできます。

物も人も情報も使いようです。物を活かせるように考えて行動することです。

そのためには、手っ取り早くインターネット、YouTube 動画やブログなど検索してください。

専門誌を読んで、見て、聞いて知識を増やして、その後忘れてもいいのです。必ず、緊急事態のときに思い出します。

知識はあなたとあなたの周りの命を救ってくれます。

6　ビジネスインパクト分析（ＢＩＡ）

ビジネスインパクト分析とは

ビジネスインパクト分析（Business Impact Analysis）を事業影響度分析と訳しています。

「防災計画」と「ＢＣＰ（事業継続計画）」の一番の違いは、ビジネスインパクト分析（ＢＩＡ）を行ったかどうかになります。

「防災計画」では人や建物を「守る」ことが重要です。「ＢＣＰ（事業継続計画）」では重要業務を「続ける」ことが重要です。ですから、防災計画で人と建物を守り抜いた後に必要になるのが「ＢＣＰ（事業継続計画）」です。防災計画の色が濃い事業継続計画ができ上がる場合も結構あります。

災害発生時にどの業務を優先的に実行するのかを事前に優先順位を決めておくために、業務ごとに停止した場合の影響度を分析します。医療や介護事業所の場合は、全員の生命の安全維持が最優先になり、製造業では材料や部品の調達・設備の稼働が重要になります。

サービス業では、サービスの維持継続となりますから、複数あるサービスのどれを最優先するのかを決める必要があります。売り上げ、社会的必要性、災害時緊急性、代替対応性、利害関係者（ステークホルダー）との関係性など、複数の視点の基準をつくり、１つひとつの業務に点数をつけて優先順位を決めます。

第2章　災害発生！

いったい何が起こるのか想像しよう

1　すべての災害に共通

避難後に立ち入り禁止地区に制定された会社や自宅に入れなくなる

災害が起こると、小さな火災現場でも立ち入り禁止になり、もちろん地震でも立ち入り禁止になります。津波や水害は、さらに広範囲に立ち入り禁止となり、しかも水が引くまで何日も何週間も立ち入ることができません。

地割れ箇所の緊急補修やガレキが撤去されるまで、通行不能です。家や会社が無事でも道路の安全が確保できないため、家に戻ることやちょっとした忘れ物を取りに帰ることができなくなります。自衛隊や警察の人が規制線に立っており、会社にノートパソコンを取るために規制線の内側に入れません。夜間に入ろうものなら、危険で怪我しなかったとしても、窃盗犯扱いされるのがオチです。

「立ち入り禁止」は火災・土砂災害・土石流・地震による倒壊・火山噴火・洪水・道路の冠水・増水による橋通行止めなど数限りありません。

本格的な災害が起こると、しばらく戻れないことを覚悟しておきましょう。

福島第一原子力発電所の周囲は汚染度合いに応じて、震災から10年後の2021年3月も「帰宅困難区域」として立ち入り禁止規制が張られています（福島県ホームページ：福島復興ステーションより）。

災害で窃盗犯の出現

避難先からやっと自宅に戻れたときに、「空き巣にやられてた」なんてことがあります。

私が東日本大震災の石巻市で出会った方（津波の最中に人命救助を実施）から聞いた話です。

「建てたばかりの木造１００年住宅に津波が来ました。凄まじい豪音と遠のく防災無線が入り混じりながら津波は、家々を押し流しながら近づいて来ました。２階に避難してとりあえず助かりましたが、翌日は避難所に避難して、３日後に家の様子を見に行ったら、他の家はほとんど流され、私の自宅も2階と1階部分の柱や一部の壁を残して筒抜けのようになっていました。さらに瓦礫やご遺体がありました」

「流されずに助かった2階に上がってみると、子供部屋のＣＤラジカセ・ＤＶＤ・アイドルのポスターまで何から何まで本当に盗まれていました」

「私たちは命があって家の2階が残ったからまだまし」

空き巣に遭った被災者は淡々と語られていました。もちろん警察に盗難の被害届も出されませんでした。

私が阪神淡路大震災で活動していたときも、避難者から被災家屋から物がなくなった話はいくらでも聞こえてきました。デマではないのです。全壊や半壊の家の片づけにいくと、昨日まであったものがなくなっているのです。これは自宅に限ったことではなく、会社や工場も被害に遭っています。

ここで、想像して考えて見ましょう。

人が災害で避難している家、壊れた家が窃盗されるのであれば、地域で行う大規模な避難訓練も「避難訓練空き巣被害」に対しての注意が必要です。避難訓練で留守にする日時やその人がどこに避難するかも事前に窃盗犯は知っていますから、戸締り注意ですね。

災害時はできればセキュリティー確保も！　災害訓練といえども戸締りを！

災害時に家や施設から避難するときは、家の外からほんのりわかるように、ランタンに明かりを点けて、ラジオの音を点けて避難します。まるで誰かが残っているようにすると、窃盗犯は入らないと思います。

しかし、この方法は、避難の「逃げ遅れ」と誤解され、警察や消防関係の人が心配して声かけする可能性もあります。

だから、「避難完了」と紙や布を（最近のマンションでは避難完了マグネット）貼っておきましょう。それでも、中に明かりがあれば窃盗犯は入らないと思います。

ガラスが割れても、最低限のセキュリティー維持

小さな自然災害でも、部分的に壁やガラスが割れる場合があります。

部分的な破損でも、窃盗犯からすると、侵入可能性チェックの対象です。

セキュリティーの甘い部分を突いてきます。

対策として、ガラスはビニールシートやダンボールで塞ぎます。壁の破損もベニヤ板や合板でとりあえずの補修をして、雨風の浸水と窃盗犯の侵入を防ぎましょう。

災害関連死

避難に成功した後の「災害関連死」というものがあり、災害により体調を崩したことが原因でお亡くなりになるケースが多くあります。

リハビリが受けられない、コミュニケーションがなくなる、楽しみがなくなる、環境が急変した、足腰が伸ばせない、避難所の配給物資は高齢者に不向き、大切な人が先に逝ったなどです。

福祉事業所の早期復旧、事業継続は災害関連死を減らすためにも、とても重要な役割を果たします。

だから厚生労働省もＢＣＰ（事業継続計画）策定に力を入れています。

自家用車で宿泊することで、避難生活を継続しエコノミークラス症候群になり、災害関連死となるケースはとても多いです。

私が、神戸生田中学の避難所で活動しているときは、運動場などに自家用車を駐車させて、その中で車中泊することを禁止していました。これは防犯の観点から実施して、運動場に駐車されるすべての車のナンバーを毎晩確認し、不明な車両は学校から退出していただきました。

「親戚を探しにきたけど見つからないし、ホテルもないし困っていたんです」

「別の学校に避難していましたが、居心地が悪くて……」

「ペット連れだとどこも入れないし」

そのときに「宿泊したい」と申し出があった方は、色々な事情を抱えていました。寝場所を学校の中に必ず準備して水食料などもできる範囲で提供し、何泊してもよいことと住所カードと車カードに記入してもらいました。

この避難所では、エコノミークラス症候群での災害関連死は発生しませんでした。

2 地震

揺れてあらゆるものが倒壊

地震が発生すると、大地が揺れます。経験するとわかりますが、地震は震源地の方向から、地鳴りとともに迫ってきます。到達から倒壊するまで、ほんの数秒の時間があります。

ほとんどの場合、最初の段階では大きさがわからないので、近くにあるタンスや食器棚・キャビネット・デスクなどを手で押さえてしまいます。もっとすごい地震だと床にひれ伏すしかありません。

直下型なら、自分が吹っ飛んでしまいます。

テーブルがあればラッキーです。なければ、床にひれ伏しているあなたの頭や肩、腰に上から食器や本など色々な物が落ちてきます。プリンターやパソコン、醤油の瓶。ひどい時は、蛍光灯、エアコン、天井板、最悪の場合は1階全体が倒壊し、建物全体が破壊され倒壊します。

停電して燃えて、インフラ停止

地震が発生すると停電しますが、停電しなかった場合でもエレベーターは、震度５の揺れで停止します。

大阪北部地震（マグニチュード6・1、最大震度６弱）で関西２府４県では、次のようにインフラが停止しました。

・13万台の内、約６万３０００台のエレベーターが停止
・２７８人がエレベーターの「かご」（室内）に閉じ込め
・立体駐車場のエレベーターも停止しますが、復旧順位が最後になります

（参考資料：エレベーターの地震対策の取組みについて（報告）国土交通省 住宅局 建築指導課 令和２年７月14日）

地震で停電すると、一番に困るのが、電灯（あかり）ですが、信号機の停止で交通麻痺が起こり、下水道の揚水ポンプの停止で下水が詰まります。都会の平野部の下水管は要所に揚水ポンプがあり、下水処理場へと送り込んでいます。広大な平野を汚物が上から下への自然流で流れるはずがありません。揚水ポンプが停電で動かないため、大規模災害時は下水道が使えなくなる場合があります。

また、液状化が起こると、下水管は内部に空間が多いため、下水管の周囲が液状化で液体のようになると、浮力でマンホールや下水管が浮き上がる現象が起きます。私は地震の現場で何度も見たことがあり、道路のマンホールがキノコのようにニョキッと10センチ～2メートルほど突き上がり、正直怖いです。

停電で上水道の浄水場も停止して、水道水を各家庭や施設へ送水できなくなります。それだけではなく、老朽化した水道管のつなぎ目（フランジ）の隙間やひび割れから泥や液状化の泥水が入り水道水が汚れます。それは熊本地震でも起こっていました。

ＬＰガスは地震が発生しても鎖で転倒防止ができて、緊急停止からの復旧ボタンを正しく押すことができれば使用できます。都市ガスもＬＰガスも震度５以上で自動停止機能がついており、ガスが出なくなるため、ガス会社への地震時の問い合わせは、「お隣の家はガスが出ているのに、なんで私の家は出ないいんですか？」が多くなります。これも「復旧ボタン」を知らないからです。早速確認しておきましょう。

私がガス配達企業へ指導する際は、ガスの利用者は知らないから「復旧ボタン」を教えてあげてリーフレットを配布しておくことを指導しています。

「復旧ボタン」で都市ガス・ＬＰガスは復旧する可能性があります。

停電でインターネット通信が止まります。光の信号だから電気ではないだろうと思いますが、途中で何度も光信号を増幅させて通信していますから、その光増幅器への通電が途絶えると、インターネット通信ができなくなります。

停電がなければ、継続してしまう

私の経験上、インターネットが切れても、電話が通話できなくなっても、電気の灯りがあり、機械が動けば人は働き続けます。

お風呂介助をしている最中に地震が発生しても、温水が出て灯りがあれば介助を止めません。たとえ雷が落ちても、停電しない限りスタッフは仕事を止めないのです。

避難行動は、電気の灯りが消えるとかなり確実になりますが、火災の場合は警報音が鳴っても停電しないので、避難の判断が遅くなります。

停電で温水が出なくなると、その業務を中止せざるを得ません。泡だらけの頭や体をその後どうケアするかを考えておく必要があり、また介護施設や理美容施設では停電でも温水をつくれる準備も必要です。

誰かが、中止、停止、避難、撤退などを決定する必要があり、続けている何かを「止める」のはとても勇気がいります。指導者に必要なのは「やめる勇気」と「続ける準備」です。

避難所生活の開始、それでも職場へ向かう

災害で避難している避難所から、自分の職場へ出勤する場合が多くありました。

私が阪神淡路大震災での活動中でも、避難所利用者の昼間と夜寝静まったときの人数はまるで違いました。昼間は、罹災証明のやり取りに役所に並び、被災している自分の仕事先に出勤して災害対応をしなければなりません。

よって、避難所運営を行うのは、お年寄りと専業主婦と子どもたちと自営業者の方たちでした。自宅が被災したスタッフは、避難所生活と職場のＢＣ（事業継続）を同時に行わなければなりません。私たちがつくろうとしているＢＣＰ（事業継続計画）は、被災していても出勤してほしいとお願いしなければならない過酷なものです。

事業所に空間的な余裕がある場合で、家族全員が事業所に避難したケースもあり、私の指導先でも実際にＢＣＰ（事業継続計画）の中に「社内への避難」を記入している会社も多数あります。

3　津波

津波高と津波到達点は2倍違う

津波の高さは3種類あります。

- 海岸線近くの潮位計の波の高さによる「津波高」
- 陸地をさかのぼり遡上（そじょう）する最中や、引き潮時に建物などに痕跡が残る「津波痕」
- 海から山のほうに目がけて遡上し最高到達点に達する「遡上高」

そして、「遡上高」は「津波高」の2倍以上になる可能性があり、奥尻島の津波では、最高30・6ｍまで遡上しています（参考元：内閣府防災情報のページ 北海道南西沖地震災害教訓情報資料集）。

東日本大震災の津波では40・1ｍの高さまで遡上しています（参考元：東北地方太平洋沖地震津波合同調査グループ　調査情報　調査地点および調査結果の詳細　現地調査結果（痕跡調査結果））。

また、津波は何度も来る場合があり、第一波が一番大きいとは限りません。第二波が一番大きくて、第一波の引き波と合わさり瓦礫とともに渦巻くこともあります（参考元：河北新報　大川小学校津波襲来、地震発生から45〜46分後か　東北大が解析、5〜6分推定早まる）。

被災者が伝える津波の恐ろしさ

津波の被災者から、東日本大震災で津波の被害に合われた方に直接お話を伺いました。

「一度は流されましたが、電信柱に翌朝まで掴まることができて助かりました」

津波が引くまでは、時間がかかり、ガレキで一歩も動ける状態ではなくなります。

「津波を飲み込むと肺炎を引き起こし緑色の膿（うみ）のような物を吐き続けましたよ」

これを、「津波肺」と呼び、一瞬で多くの人の命を奪いました。津波で死亡した場合には、「溺死」ではなく「津波肺」になるとのことです。海底のゴミ、泥、砂、ヘドロが混じった黒い津波がその原因です（参考元：ＮＨＫスペシャル　黒い津波 知られざる実像）。

高潮と津波は威力が違い、津波は予想より高くなる可能性が高い

高潮は、風で波が押し寄せられるもので、海の表面のことなのです。しかし、津波は海の底のプレートの動きになるので、動く量が全く異なり、海底から計り知れないパワーであらゆるものを破壊します。

破壊したガレキ・小型漁船・大型漁船・貨物船・重油タンク・車・バス・トラック・石油タンクローリー・コンテナ・列車・貨物列車・漁港の倉庫・缶詰工場・大型冷凍倉庫・家・プロパンガスボンベ・アセチレンガスボンベ・海藻・畑の作物・漁の仕掛け網・養殖いけすとともに巻き込みながら、渦を巻いて陸地を遡上し、海に引いていく際に何度も破壊します。

4 台風・豪雨

雨風の災害

台風は風が強い台風と雨が強い台風と両方が強い台風があり、移動の早い台風と移動が遅い台風があり、台風そのものの移動が遅いと被害が増えます。

豪雨との違いは風です。この風を風速で表しますが、1秒に進む距離をメートルで表示しています。

これを時速、1時間で進む距離キロメートルで表すと、図表1のようになります。

【図表１　風速の秒速と時速】

風速（m/秒）	時速（km/時）
風速 3m/s	10.8km/h
風速 10m/s	36.0km/h
風速 30m/s	108.0km/h
風速 50m/s	180.0km/h
風速 60m/s	216.0km/h
風速 80m/s	288.0km/h

※１時間は3600秒なので時速(km)は秒速(m)に3600をかけて1000で割ります。
※単純に３・６倍にすれば、秒速（m）から時速（ｋｍ）に変換することができます。

１０８㎞／ｈ以上の強風で一体何が起こるか想像してみましょう

風速30ｍは、時速１０８㎞。このくらいの風速になれば停電が起こります。今まであなたの家や施設で停電が起こらなかったのは奇跡です。

電気が止まるときには瞬停という1分以内の停止もあり、1秒や瞬きくらいの停電もあります。このときに電化製品、電子制御の装置はリセットされる可能性もあります。

一番困るのは、酸素吸入などの装置です。基本的には設定がリセットされないようにバッテリーが内蔵されているはずですが、再開の手順が必要なのか事前に確認が必要です。

デスクトップのパソコンは、停止しますが、ノートパソコンは10分くらいの停止では何も起こりません。しかし、送信中のデータはどうなりますか？

サーバーの基幹システムは3秒とかの停電でデータがどうなるのかは確認しておいたほうがよいでしょう。

システムサーバーコンピュータや経理作業のデスクトップパソコン、NAS-HDD（ネットワークハードディスク）は、ＵＰＳ：

無停電電源装置（コンピュータ用のバッテリー）を接続しておきましょう。

タイマー機能のものエアコンや炊飯器、電子レンジ、給湯器も、現在時刻が0時0分に戻ってないのか確認しておきましょう。

さらに、インターネットの線の分岐ハブの電源もできれば、ＵＰＳ：無停電電源装置に繋ぎたいところです。

豪雨で洪水・土石流・内水氾濫・流木破壊・塩害・道路断絶

豪雨により河川の氾濫が起こり、上流からの濁流が街や田畑を沈めてしまい、また山林からの大きな流木や岩が橋に挟まり洪水を助長し、溢れて流れてきた流木はさらに家々を破壊します。

海からの強風は、海水の塩分を巻き上げ陸地に海水の雨を降らせ、電線に塩分が付着し電流が予期せぬ流れとなり、スパークやショートして停電が起こる場合があり、電車の電線も塩害で火災が発生し、遅延や運休の原因となりました（２０１９年台風19号）。

土石流とは、山や渓谷の比較的表面の土や石、岩、火山灰などが雨水と河川と混じり流れ降りてくるものですが、水よりも比重が重く勢いと力が強く、建物や橋、田畑を破壊します。

さらに、山肌が崩れる土石流の場合はガレキで道路を通行止めにしてしまいます。山間部ならば、カーブの先とカーブの後ろに上から一直線に土石流が流れ、カーブの部分に人や車が残され進むこともバックして戻ることもできない状態になることもしばしばです。運が悪い場合は、一直線に降りてくる土石流に車ごと飲み込まれ、下流に流されてしまいます。

この場合の救出では、車を見つけることも困難です。「土石流」の他に「地滑り」「崖崩れ」がありますが、インターネットで「防災教育　砂防　国土交通省」で検索していただくとわかりやすく説明されています。

越水氾濫・侵食決壊・浸透決壊・パイピング現象、見えないけど決壊

洪水には越水氾濫や浸食決壊など４つのパターンがあります。
①越水氾濫（水が堤防を越える）
②浸食氾濫（水が堤防を削る）
③浸透決壊（水が堤防に浸み込む）
④パイピング現象（川底から陸地にパイプをつくる）
それぞれの特徴について、次から説明します。

①越水氾濫（水が堤防を越える）

「越水氾濫」は、水が堤防を超えた氾濫です。左右両岸が同時に川の水が越えるというより、右岸か左岸のどちらかが、超える場合が多いようです。橋脚に石と木が挟まり左右どちらも氾濫するケースもあります。

また、左岸と右岸の堤防の高さは、同じところもあれば違うところもあります。治水工事は昔か

らあり、より守りたい側の堤防を高くすることで村が守れるわけですから、誰が考えてもより守りたい側を高くし、そうでない側を低くするのは当然です。

川の上流から下流まで統一されることもなく、場所によっては流水量も川幅も環境も変わるから、それに合わせて堤防の高さや強度も変わるわけです。

②浸食氾濫（水が堤防を削る）

「浸食決壊」は、堤防が水と岩や石、木、瓦礫の勢いで削られたり掘られたりして、少しずつ堤防が細くなり決壊します。この場合の洪水の勢いは強く、流される家屋も多くなります。

洪水にはならなくても堤防道路が侵食され陥没して、道路が寸断されるケースが多数あります。

③浸透決壊（水が堤防に浸み込む）

「浸透決壊」は、川の水が堤防の土の中に染み込み、強度が弱くなって堤防が崩れ出し堤防の上にヒビが入り陥没し、地すべりを起こし大量の水と一緒に堤防が崩れ土石流のように流されます。雨量とは別のメカニズムなので、雨が止んだ後でも起こります。

堤防に立って水量を見ているその足元がいきなり陥没するので、堤防に立つこと自体が危険です。

④パイピング現象（川底から陸地にパイプをつくる）

「パイピング現象」は、川の地下水脈の水が堤防の地下を通って外側の土地まで水のパイプをつくり、その流量がだんだん多くなり、いずれは堤防の下から浸食され、堤防が沈下し決壊します。

堤防そのものがしっかりして浸食決壊や浸透決壊が発生しなくても、堤防の下をくぐるパイプをつくられたらたまったものではありません。

さらに、上流で土地のほうへ氾濫した洪水が下流まで流れ、土地部分の水位を上昇させ、土地側の堤防を乗り越え、川側へ流入し堤防を崩壊させることもあります。水の力は計り知れないし、本当に恐ろしいです。

洪水のメカニズムやその分析がなされ、その地質に合わせたあらゆるパターンに対応できるような堤防を河川土木、防潮堤、砂防ダムなど研究されているので、新しくつくられる堤防はかなりの信頼があります。しかし、信頼が高くなればなるほど、避難のタイミングが遅れるのも事実です。

とにかく、雨が降る前に避難したほうがよいので、「避難」ではなく、「お見舞い訪問」に言葉を変えて、災害弱者、要援護者（要支援者）は、安全地区にお住まいのお宅を「お見舞い訪問先」として、地域あげて洪水前の「お見舞い訪問」避難を決めることを提案します。

訪問介護の場合、自立歩行で移動できない利用者様への対応が難しく、地域との連携が急がれるところです。

5　火災

火災の原因

火災の原因は消防白書令和２年版によると、令和元年は１日あたり１０３件の火災発生でした。

【図表2　火災の原因】

1位　たばこ（3581件：不適当な場所への放置・建物はもちろん車両の中でもあります）
2位　たき火（2930件：消えたと思って離れた、強風により延焼火災）
3位　コンロ（2918件：放置、忘れる、燃えるものが落下・接触）
4位　放火（2757件：放火の疑いを足せば4567件と1位の「たばこ」よりかなり多い）
5位　放火の疑い（1810件：監視カメラが普及したからか、放火関連は減少傾向にある）
6位　火入れ（1758件：田畑や荒廃地に火を入れて雑草などを焼く行為）
7位　電気機器（1633件：ショート、スパーク、絶縁劣化　電子レンジ・電気ポット）
8位　電灯・電話などの配線（1576件：ショート、判断線、金属接触部の加熱）
9位　配線器具（1352件：コンセントの金属接触部の加熱、スパーク、ショート）
10位　ストーブ（1144件：可燃物の接触・落下、引火・輻射、使用の間違い）
11位　排気管（705件：換気扇・ダクト火災）
12位　電気装置（669件：分電盤などの絶縁劣化、ショート、スパーク）

電気関連だけで5000件を超えて、放火の疑いを含めた数4567件よりも多くなります。電気の配線やコンセントの緩み、踏みつけ、ねじれ、劣化などが原因です。

ドライヤーを使用後まだ熱いうちに本体にコードをグルグルに巻きつけてしまうのやコードを固く結ぶのも危険で、過去に燃えて火災の原因になっています。ゆったりとループ型にして、つり下げておきましょう。

ＩＨコンロでも天ぷら火災になっており、中のものの温度が上昇すれば火災になります。天ぷらはＩＨコンロといえども、離れないようにしましょう。多くの火災は放置したとき（見てないとき）に火災発生しています。

電気ポットには布巾をかぶせてはいけません。蒸気が出るところが溶けてしまいます。

電子レンジや電気オーブンは中の汚れが、スパークして火災になりますので、常にきれいにして使いましょう。職場の電子レンジは掃除当番を必ず決めて、レンジ庫内の上下左右とドアなど全方向を掃除しましょう（重曹・クエン酸・セスキ炭酸ソーダなどで、コンセントを抜いて優しく洗浄）。

ストーブの火災は、上や前で洗濯物を干して放置するから火事になります。

洗濯物が濡れているときは、重さで重心を保っていますが、乾燥して重さが軽くなるとスルスルっと落ちてしまい火事になります。

介護施設でタオルなどを乾燥させる場合は、浴室乾燥システムや更衣室も乾燥システムを入れて衣類乾燥部屋にしてもいいです。イベントルームや食堂などで乾かすときは、複数台の衣類乾燥除湿機を置いてタオルや衣類を乾燥させてください。

食堂やイベントルームの隅にカビが発生すると、スタッフや利用者様の肺炎の原因となります。

湿度が高く一定の温度があると色々な菌が増殖しますから、加湿と除湿の両方、温度管理と湿度管理をしっかり行いましょう。また、コロナ禍においては二酸化炭素濃度を１０００ｐｐｍ以下に抑えるための換気も必要です。

ボヤで済ませるための具体的な準備（消火器）

火災は、早く消すのが一番です。あっという間に燃え広がりますから、消火器の位置と本数を消防法の通りに置くではなく、それよりも多く適切な場所に設置して、いつでも誰でも初期消火できるように訓練しましょう。

消火器のタイプにはいくつかあります。（Ａ：普通火災　Ｂ：油火災　Ｃ：電気火災）

- 粉末消火器（ＡＢＣ）粉末なので後処理が大変で、高所への噴霧が不向き
- 強化液消火器（ＡＢＣ）冷却機能に優れ、飛距離があり、消火能力が高い
- 中性強化液消火器（ＡＢＣ）お酢と食品材料からつくられ、能力を維持し衛生面に優れている
- 水消火器（潤滑剤入り　ＡＣ）消火後の汚損が少なくて、復旧が早く済みます
- 二酸化炭素（ＢＣ）クリーンで電気設備の消火に向いています
- 自動車用粉末消火器（ＡＢＣ）送迎バスにも積んでおきましょう
- エアゾール式消火具（スプレー缶の消火器）（ＡＢ）ほとんどの消火スプレーは電気火災に対応していませんが、電気火災に対応した製品もありますのでしっかり探してください。

介護施設におすすめの消火器は、「中性強化液消火器」と「消火スプレー」です。

既に設置済みの粉末消火器は、使用すると粉末が部屋中に舞うので火元が見えなくなり、冷却効果がないので消火に時間がかかります。さらに粉を吸い込み苦しくなります。中性強化液消火器は粉末より飛距離が長く、お酢でつくられ安全面・衛生面・消火能力に優れています。

「中性強化液消火器」を通路やイベントホール・キッチン・食堂などに設置し、各居室と浴室更衣室には、エアゾール式の電気火災対応の消火スプレー（１０００〜５０００円）を壁にホルダーで固定配置します。

また、すべてのカーテン、じゅうたん、カーペット、間仕切りを「防炎」素材に交換し油汚れなどが付いていないか確認します。油汚れは燃える原因になります。

開所当時は、「防炎」素材になっていたはずのカーテンや間仕切りが、いつの間にか防炎じゃなくなっていることがあります。必ず確認して交換してください。

さらに、「消火器ピカピカ運動」を実践しましょう。

定期的清掃のサイクルの中に消火器清掃を盛り込むのです。すると、消火器の位置をスタッフ全員が自然と覚え、重さや持ったときの感覚と触ることへの慣れが出てきます。「訓練なくして成功なし」「訓練の前の練習」「練習の前の心得」の心得が自然と身に付いてくるので、火災で大変な被害を受けるのではなく、ボヤ（小火）で済ませるため「消火器ピカピカ運動」が役に立ちます。

私は自宅のすべての部屋にエアゾール式消火スプレーを配置しています。

消火栓・スプリンクラー・ダクト火災防止・自動消火装置

消火栓が施設にある場合は、初期消火能力と延焼を阻止する力が格段に上がります。

ポンプ起動ボタンを押さない限りは、ポンプが動きません。過去の火災では警備員が起動ボタンを押せないばかりに、ホースを出してバルブを回したけれど水が出なかったことで、火災が大火事になり犠牲が出たケースもあります。必ず起動ボタンを確認してください。設備により若干仕様が異なるので、自分の施設のものがどうなっているのかを確認してください。

介護施設などの消火栓のホースは直径40ミリで、長さ15メートルが2本連結されて入っています。放水距離は15〜25メートルです。

消火栓の中に畳んであるホースを伸ばしてみると、30メートルが長すぎて、途中でホースがからまり、直角以上に曲がってしまい水が全く出ない、または操作するスタッフの足が絡まるなどのことが起こります。各階に消火栓が何か所設置されているかにもよりますが、ホースの連結を外して15メートルだけで使うことも1つの手法です。

私の指導先では、消火栓のホースを1か所ずつ消火対象物まで伸ばして、「北側ならここまで、南側ならここまで」と確認し、長さが15メートルでよい場合は、2本の連結を外して、使用するほうを送水管とノズルに直接つなぎ、使わないほうは丸めてドアの中に入れます。

いざ、長さが足りないときのために、「結合訓練」も行います。ホースを連結するときは手でカチャッというまではめます。その後、片方のホースを片足で踏んで両手でホースを上にギュッギュッと引っ張り抜けなければ大丈夫です。

　ホースの連結訓練を行う理由は、隣近所の火災が消火栓を延長することで、消せる可能性があるからです。私の指導先の工場は、近隣のアパート火災を連結延長消火で消火しました。

　最近は、2号消火栓が新しく設置される場合が多く、これは1人で操作ができ、ホースが絡まないような設計になっているので最高です。素晴らしいことに、手元のノズルを回すことで放射状にしたり一点集中できたりします。開放したときは、放射状から始まりますので、自分に迫ってくる炎に対してバリケードできます。鎮火したら消火ポンプを消火ポンプ室で停止させます。

【図表3　消火栓の放水訓練の手順】

1　「警報器ボタン」
2　「ポンプ起動ボタン」
3　「ホース延長ノズル構え」
4　「バルブ開放」（水量調節：高水圧すぎると器具や設備を破壊）
5　「ホース結合」（結合と取り外しを慣れるまで行う）
6　「ポンプ停止」
7　「ホースを干して収納」（使用するのは1本だけにする。干している間は予備のほうを送水管に結合しておく）

スプリンクラーがある場合は、一旦作動してしまうとバルブを止めるまで放水が止まりませんから、「スプリンクラー制御弁」と表示のあるドアを開けて、バルブを閉まる側に止まるまで回転（右回転）させます。ところが、これも時々触らなければ、固着してしまい動かなくなってます。そんなときは、バルブには穴が空いているので、バールのようなものを使いテコの応用で回します。

バルブにも大きな文字で表示をして、「右回転で停止」と表示してください。

スプリンクラーポンプ制御盤で「停止ボタン」を押して完全停止となり、消火完了後は早く止めないと、その下の階とその両隣が水浸しになります。

直下の場所が、オフィスならば、ブルーシートなどで養生をしてパソコンや電気器具、書類を水浸しにしないような迅速な行動が必要です。これは、スプリンクラーに限ったことではなく、消火栓でも消防隊でも直下の階は水浸しになるケースが多いです。

よって、消防隊は階下への被害を最低限にするため、水量を制限し噴霧して消火する場合もあります。

大規模延焼時の対応は、まずは風向き

東京の皇居東御苑には、江戸城跡が残っています。１６５７年の江戸の大火で江戸城本丸が焼失しその後、現在まで江戸城は天守台の土台のみが復活し天守閣は復活しませんでした。

皇居の敷地やお堀により町人の住むところからは一番近いところで８００メートルくらい離れて

いるはずですが、このときはその一番近いほうから強風が吹いたことがわかっており、出火元からの強風によって江戸城と江戸中が燃え、10万人を越える犠牲者となりました。

関東大震災（1923年9月1日）でも強風の影響で火災が広がり、犠牲者10万人を越えました。

糸魚川大規模火災（2016年12月22日）では、ラーメン店から炎が上がり、瞬く間に147棟を火災に巻き込みました。原因は、大型コンロの消し忘れですが、この大火災で、一般人が2名、15名の消防士が負傷しました。糸魚川駅に近い商店街が焼失したのです（消防白書平成29年）。

糸魚川市における出火当日の最大風速は13・9m／s（気象庁発表）、最大瞬間風速は27・2m／s（糸魚川市消防本部にて観測）強風が吹いていました。

火災で最も怖いのは強風です。

阪神淡路大震災のときは100箇所以上から火の手が上がりましたが、穏やかな風でした。もし強風が吹いていたら、私も避難所活動するどころではなかったでしょう。

6　噴火

噴火の被害

私の出身地は長崎県の雲仙市です。雲仙の普賢岳が噴火したのは、私が22歳のときで、まさか毎日見ていた普賢岳が、何度も遠足に行ったりハイキングした雲仙が、噴火するとは思っていませんでした。でも信じられないことは起こりました。

１９９０年11月から始まり収束しながらも１９９５年２月まで続きました。38回の土石流と７回の大火砕流を中心として荒れ狂ったのです。それを物語るのが死者41人、行方不明３人、負傷者12人、建物の被害２５１１件、被害額２２９９億円という数字でした（参考：雲仙岳災害記念館　がまだすドーム※）。

これを皮切りに、１９９３年の北海道南西沖地震、１９９５年阪神淡路大震災、中越地震、その後は次々と毎年のように台風や熱波、洪水台風、東日本大震災、熊本地震、新型コロナウィルスなど信じられない大災害が発生しています。

噴火で注意すべき２つ

噴火では、溶岩流、噴石、火砕流などがありますが、怖いのが「見えない火山ガス」です。いつまでも発生し続けて、地元や島に戻れないことになります。

三宅島では、２０００年６月から始まる噴火で全島民避難が実施され、今でも火山ガス規制区域があります（参考：内閣府防災ページ）。

現在の三宅島は避難指示も完全解除され、釣り・ダイビング・海水浴等のマリンスポーツをはじめ、トレッキング・サイクリング・バードウォッチング・ボルダリング等、陸上のアクティビティを楽しむ方が毎年増えているそうです（参考：三宅島観光協会）。

もう１つ怖いのが、「火山灰」です。私の実家も火山灰には悩まされました。これも肺には悪影響ですし、重みで家を押しつぶす可能性もあります。火山活動は、いつまで続くかわからないことが一番の恐怖です。

※今では雲仙・島原は火山被害からは確実に復興し農業や観光も盛んになっています。

7　新型コロナウイルス感染者対応

陽性者と陰性者、濃厚接触者を分けること

施設の中で最初に感染者が発見されるときは、熱がある、味がしないなどの症状でＰＣＲ検査を受け、陽性反応が出たことを確認した上で保健所に連絡しＰＣＲ検査を受けてスタッフに陽性が出たときです。しかし、このときは既にその施設で蔓延している可能性が高いです。

スタッフは別の職場でも働いているダブルワーカーも在籍して、別の職場から感染を持ち込んだり、家族から感染したりと、あらゆるところから感染してきますので、経路を捜索すること自体は意味がないです。抗体検査とＰＣＲ検査を全員が受け、陽性者と陰性者、濃厚接触者を分けることになります。

スタッフの感染者（陽性者）が多くなると、利用者様にも感染が蔓延し、感染速度はスタッフより利用者様のほうが早いのです。若いスタッフは無症状なので、感染に気づかずに利用者様に蔓延

してしまいます。

この施設はスタッフの団結力もあり、１か月で収束しました。

感染防御と消毒処理の方法

スタッフを感染者対応と未感染者対応に分けます。その時点で辞退するスタッフも当然出てきますが、ありがたいことに立候補する人も出てきます。本部スタッフが感染施設の先頭に立って、介護サービスを継続した例もあります。

利用者様の感染による死亡状況からすると、スタッフも「決死の介護サービス」をするわけですから、法人としての設立スローガン、理念に立ち返って、自分たちの真の役割と決意が必要です。

・「レッドゾーン」（感染区域・濃厚接触者）
・「イエローゾーン」（中間区域）
・「グリーンゾーン」（安全区域）

３つにゾーン分けて活動します

感染予防のため、ガウン・キャップ、サージカルマスク、ゴーグル、医療用手袋、シューズカバーをつけて、毎回、「イエローゾーン」に戻るたびに脱衣し廃棄をしなければなりません。

手は洗浄の対象ですが、COVID-19についてシューズは洗浄しなくても構いません。

サービスを提供する利用者様が変われば、ガウンはそのままでも手袋は新しいものに取り替えます。

スタッフの詰所も陰性者と分けますから、「レッドゾーン」の中に詰所としての小部屋をつくります。その場合は、「グリーンゾーン」のスタッフとのコミュニケーションが直接ではなく、オンラインでのテレビ電話、内線、携帯電話で会話しながら、食事や物品の手配などサービスの提供を継続します。

経営本部とのコミュニケーションはＺＯＯＭなどのオンラインでしかできず、「レッドゾーン」にいるスタッフからすれば、現場の状況がわからない経営本部との意思疎通では温度差を感じることになります。

ＰＣＲ検査、抗原検査は何度も実施し感染防御をしながらのサービス提供を継続します。利用者様が集団で食事することもなくなり、スタッフの人数も足りませんから、すべてのサービスに時間がかかります。

消毒には、アルコール、居室の洗浄には、次亜塩素酸水を使用し、換気扇のフル稼働とレッドゾーンを陰圧に保つことを実施します。

汚染物は、汚染していないものと区別して袋に入れ、次亜塩素酸水で汚物表面を浸すように入れるか、除菌アルコールを噴霧し、口をしっかり止め、張り紙に「○○日より３日保管後廃棄」と書いて添付します。コロナウィルス（COVID-19）の場合３日以上経ったら、他の同じようなゴミと一緒に回収可能です（原則としては廃棄前に保健所に確認してください）。

点滴針・注入器などの医療器具類は本来の処置方法に従ってください。

感染区域（レッドゾーン）と安全区域（グリーンゾーン）

「レッドゾーン」（感染区域・濃厚接触者）、「イエローゾーン」（中間区域）、「グリーンゾーン」（安全区域）の3つにゾーン分けし、感染者の部屋割りを実施します。

「イエローゾーン」は、「レッドゾーン」への物資置き場、予防具の着脱場、「レッドゾーン」の職員の荷物置き場、通路、エレベーターなどです。

利用者様1名だけの感染の場合は、その居室「レッドゾーン」の中に「オレンジゾーン」をパーテーションで分けて、利用者様の居室で衛生着から脱衣するしかない場合もあります。

利用者様の居室の割り当てを半ば強引に進めなければ、感染は収束しません。そこで、利用者様に納得いただくことと、ご家族の了承を得て、部屋割りをかなり強引に変更します。この部屋割りの変更をいかに早くできるかが、ゾーンニングの決め手です。できるだけ端の部屋で共用設備があり、かつ非常出口に近いところがよいです。

部屋割りは、ゾーンに関係なく1人の方でも2人部屋に入ってもらい、夫婦2人部屋でも感染があれば、別の部屋に部屋割りをします。「レッドゾーン」にはさらに「濃厚接触者ゾーン」と「陽性者ゾーン」をつくります。妻が陽性者、夫が濃厚接触者の場合、妻は別の陽性者の女性と同じ部屋に割り当てられ、夫は別の濃厚接触者の男性と同じ部屋になるのです。

最初の検査から2週間が経った濃厚接触者も再度PCR検査で陰性が確認されたら「グリーンゾーン」に変更してもよく、濃厚接触者が発症すれば、医療機関に転院か「レッドゾーン」（陽性者）

に部屋を変更し、利用者様の荷物の移動と除菌作業も行います。

部屋割りの順番は施設入り口からグリーン、イエロー、レッド、非常出口となるのが理想的です。また、階層で分けるのは理想的です。その場合、階段やエレベーターは「イエローゾーン」となりますから、利用者様の移動は制限されます。

グループ内の別の施設があれば、陰性者の転院を行い安全状態を維持できます。

感染による死者対応

陽性者を病院に転院するにも受け入れ先がなく、「延命処置」の説明をして、「延命処置しますか？」「延命処置しませんか？」と家族の同意をいただく必要があります。

延命処置する場合は、救急車を呼ぶのではなく、医療機関を保健所と相談しながら先に決めて転院することになります。

延命処置に対してのご家族の対応はもちろんさまざまです。延命処置の内容は、人工呼吸・人工栄養・人工透析がありますが、新型コロナウィルスで一番問題になってくるのが人工呼吸です。

人工呼吸器をつけたら、人工呼吸器を外すと生命が終了しますから、患者自身が息もできない苦しい状態を長く伸ばすだけになりかねないし、ＥＣＭＯを使用しても延命されただけで元気に回復することは76歳以上では難しいとしています（参考：日本 COVID-19 対策 ECMOnet)。

よって、スタッフからの説明を十分に聞いて「延命しない」を選択するご家族がおられ、いずれにしてもご本人の「尊厳ある死」が重要です。

このとき説明するスタッフ（施設長もしくは看護師）の言葉使いはとても重要で、親切で丁寧に説明をしなければ、お気持ちを逆なですることになります。経験を積んだスタッフが努めるべきでしょう。

「延命処置をしない」になると、最期までサービスを継続しながら施設でお看取りすることになります。または、回復してお元気になられます。

残念ながらお看取りとなったら、医師による死亡診断を行い、介護施設のスタッフが納体袋、または棺桶に収納し、葬祭業者の寝台車へ乗せます。ここまでが介護施設スタッフの仕事です。そこからご遺体は直接火葬場へ移動し、納体袋のまま火葬を行います。

ご遺体はお骨になって納骨作業のときに、やっとご遺族と会えることになります。火葬場の空き状況次第では、遠方の火葬場になる場合もあります。

この送り出しの後、介護施設では除菌作業と遺品に関する手続が待っているのです。

介護施設の感染対応準備物一覧

除菌対策で使用されるものは次のとおりです。

・消毒用アルコール
・次亜塩素酸水

・熱水（80度　10分）
・石鹸・洗剤
・ＭＡ‐Ｔ

ＭＡ‐Ｔ：（マッチング・トランスフォーメーション＝要時生成型亜塩素酸イオン水溶液）とは、本来の主成分はほとんど水ですが、ウィルスや細菌に接触すると強力な除菌力を発揮する除菌対策の中で最も安全で除菌力は劣らない画期的な製品です。日本で開発され日本国内で生産される、幼児・高齢者・アレルギーの方にも使用できる「水」です（参考：一般社団法人レジリエンス推進協議会ＳＴＯＰ感染症！　先進ソリューションガイドブック）。

その他の備蓄は「第６章　平常時の対応　必要品の備蓄」に記載しています。

8　複合災害とは

想定外なときに災害は起こり得る

「地震」と「豪雨」の複合災害は、２０１６年４月の熊本地震の後の６月の豪雨災害で、復旧途中の現場が地震前より土石流被害が増大するなど最悪の事態となりました。

感染症の蔓延期と自然災害のダブル災害は、避難所で前項のようにゾーニングが必要になります。

２０２１年７月の熱海の土石流は、まさにコロナ禍の中での大きな災害でした。避難所での三密回避、遅れるワクチン接種、不適切な盛り土、移動の禁止でボランティアが被災地に来れないなどいくつものことが重なりました。ご遺族の方は、やりきれない思いがあるかと思います。事実が解明されることを心より祈ります。

予想を遥かに超えることが起こります。忘れた頃に「想定外」が起こるのです。

しかし、災害リスクの高い日本で暮らす限りは、対応し続けなければなりません。

9 デジタル情報をコンピュータウィルスから守る

デジタル詐欺やマルウェアの種類

急速にデジタル詐欺が増えており、さらに持続化給付金詐欺まで増えてきました。

最近のマルウェアは、ＺＯＯＭなどのリモートアプリをダウンロードしようとすると、本物そっくりにつくったサイトでちゃんとダウンロードができ、普通にアプリが使えてしまいますが、しかし、同時にバックドアをインストールされています。

バックドアとは、インターネット上に通じる裏口をそのパソコンにつくられてしまうということです。インターネットの通信情報の出入り口だけなので、ウイルス対策ソフトが見落としてしまいます。その後、バックドアから侵入し、トロイの木馬など複数のウィルスがセットになったウイルスデータを忍ばせます。

時限装置がスタートして時期が来たら、次のようなトラブルが起きます。

・メールを特定の相手に送り続ける
・パソコンのつながっている相手にウイルスを感染させる
・ウイルスをパソコン内で増殖させ、データを削除される
・再起動の合図ですべてのデータが書き換えられる
・フリーズさせ代金を要求し支払い後に回復させる
・IoT機器に増殖し、IoT小型機器を乗っ取られる

サーバー稼働の身代金が仮想通貨に代わって、ハッカーたちは私たち凡人の遥か上をいく頭脳で悪質な行為を続け、国家間においても重大な課題となっています。

私たちが、パソコンで被害に遭ったら、警察に相談してください。各都道府県の警察本部には「サイバー犯罪相談窓口」があり対応しています。インターネット上の違法な情報や有害な情報の通報窓口で、情報の内容に応じて、警察へ通報したり、プロバイダーや掲示板管理者に送信防止処置等の対応を依頼できます。

情報漏洩（外部からの攻撃と内部漏洩）の種類と対策

情報の内部漏洩は意図的なものなので、対策は難しいです。できるとすれば、入社時、採用時に「機密情報保持契約」を結ぶことです。

簡単に言うと、「我が社のお客様情報、個人情報・営業情報・図面・特許情報を退職したのちも他人に漏洩してはならない。もし漏洩した場合は、損害賠償請求を行います」のような内容です。

「秘密保持契約所　ひな型」で検索して、施設に合うひな形を調整して作成するか、弁護士に相談してください。

外部からの攻撃は2種類あります。

①「狙い撃ち」

②「無差別攻撃」

狙い撃ちされた場合は、全く対応できませんから、迅速に専門業者に頼ってください。

無差別攻撃には「事前対策」をします。事前対策は、マルウェアに対する勉強会を行い、社内データと外部情報の取り扱いを学んでください。またウイルス対策ソフトを最新に保ち、ファイヤーウォールを設置設定することで防御し、感染したらネットワークから外し、「工場出荷時に戻す」で対応します。

・ウェブサイトの一番上のＵＲＬの鍵マークをクリックして名称を確認
・セキュリティーソフトを最新に保つ
・セキュリティーソフトに常時監視させる
・メールの添付ファイルに注意する
・相手のメールアドレスを解析する

・不審なメールアドレスをインターネットで調べる（だいたい悪質かどうかの判断）
・ダウンロードを行う際、信頼できる場所か確認
・バージョンアップを行う際も同様
・SNSで容易に他人がLINEのIDを聞き出すのは詐欺の可能性あり慎重に

意図しないうっかりミス

介護施設では、デジタルハッカー集団からの「狙い撃ち」の心配よりは、スタッフの「うっかりミス」のほうが心配です。

スマートフォンをお尻のポケットに入れていて、座ったときに折り曲げる、水栓トイレの中に落とす、USBを衣服と一緒に洗濯する、操作ミスで大事なデータを消失する、古いデバイスを騙し騙し使い続けている、バックアップされていると誰もが信じていたけど、その仕組みさえなく、バックアップデータがどこにあるか知らないとか、そんなことのほうが私は心配です。

また、被害の事例としては、次のようなことがあります。

・電車通勤でバックに入れたUSBをバックごと盗まれる（忘れ物が出てこない）
・車に置いていたデバイスを車上荒らしに盗まれる（あきらかな犯罪）

この2点については、すぐに警察に届出しましょう。

ペーパーレス化に取り組む

介護事業所は書類作成が多い職場ですが、本来はご利用者様のケアが重要で書類を作成することは本来の仕事ではありません。

これからの介護支援システムは、スマホやタブレットで操作できるので、パソコンが苦手な人も簡単に入力できます。また、選択式で入力を簡素化できることと、即時に情報を共有できることで、計画や優先順位をスムーズにスタッフに伝えることができます。

クリップボードに挟んだ記入用紙とペンを持ち歩かなくても、スマホだけで介護内容の記録、体調管理表の記録ができるようになります。保存管理も手間がなくなり、大量の文書が倉庫を埋め尽くすことも減り、箱から取り出して閲覧・提出することもなくなります。

遅かれ早かれどこかのタイミングで、導入しなければならないとわかっているはずですから、スタッフもスマホ世代が増えてきている今が導入時期です。

導入にはコストと教育時間が必要になりますが、一旦稼働すれば、前の状態には戻りたくないとほとんどのスタッフが言うはずです。

紙の書類を探す時間に仮に1日5分使っているとします。

5分×勤務20日×12か月×スタッフ30人＝６００時間×時給１２００円＝72万円

文書作成が5分短縮されれば、合計１４４万円もお得になります。

クラウドシステムにすることで、バックアップも安心で、避難先でもスマホで確認できます。

第3章　利用者様と従業員を守るためにやること

1　ＢＣＰ（事業継続計画）の作成

大きな自然災害から命を守るために

事業継続計画は、自分たちの組織や施設が、その目的や重要な役目を継続するため、事業や作業・サービスを提供し続けるための事前計画のことです。文書の作成が重要ではなく、人や施設を何かの事象から命を守ることが一番重要です。「何かの事象」は国や地域、地形、施設により異なってきます。

世界全体なら「紛争」「内戦」「テロ行為」「地雷」「銃」「カントリーリスク」などが脅威の対象となりますが、今回の介護ＢＣＰでは、施設の利用者とスタッフを自然災害から守ることが一番と考えたほうがいいでしょう。なぜなら、毎年のように大きな自然災害により福祉施設で被害が出ているからです。本書は「防災ＢＣＰ（事業継続計画）」という観点から執筆していきます。

認証の種類と申請登録できる機関

まずは、厚生労働省の「介護施設・事業所における業務継続計画（ＢＣＰ）作成支援に関する研修」ウェブサイトから「ひな形」「様式ツール集」「ガイドライン」をダウンロードしてください。そこから文書作成がスタートします。このウェブサイトでは、説明動画も充実しています。

残念ながら厚生労働省では認証や登録などはありません（２０２1年10月)。「登録」や「認証」の代表的なものを次に箇条書きにします。「ガイドライン」は手引書です。

・登録と学び＝「中小企業ＢＣＰ策定運用指針」中小企業庁
・認証と支援＝「事業継続力強化計画」中小企業庁
・認証と貢献＝「レジリエンス認証」レジリエンス協議会
・認証と加点＝「建設業ＢＣＰ」国土交通省　各地方整備局
・認証　＝「県や自治体が認証するＢＣＰ」（各自治体によります）
・ガイドライン＝「介護ＢＣＰ」厚生労働省
・ガイドライン＝「ＩＴＢＣＰ」経済産業省

日本のＢＣＰ（事業継続計画）は災害対策に力を入れたＢＣＰの手引書が多いです。

テロや爆発なども含む自然災害のインシデントにより、次のアクシデントが想定されます。

・自社の建屋が使えない
・スタッフの増減
・交通網の途絶
・サプライチェーンの途絶
・停電
・通信途絶（麻痺）

・ガス停止
・上水道の停止
・下水道施設の使用不能
BCP（事業継続計画）とは、重要な事業を中断させない、または中断しても可能な限り短い時間で事業継続させるための方針と手順、準備、改善更新を定めておくものです。
このBCP（事業継続計画）は、アメリカの9・11同時多発テロで注目を浴びた計画書で、日本では東日本大震災がきっかけとなり、BCP策定が注目されはじめました。

策定メンバー構成

最初にBCP（事業継続計画）の進め方には次のようにいくつかあります。
① 本社総括部門が作成し、各施設に配布し各施設の独自項目を追記する
（全施設の関係性と位置図、法人としての重要事業・業務施設などが記載される）
② 最初から各施設で自施設の部分をつくり、本社総括部が最終的に取りまとめる
（防災計画のような感じのものが先にでき上がる）
③ 一施設をパイロット施設として本社総括も手伝い完成させ、他施設はそれを元に独自項目を変更追記する（全体完成まで少し時間がかかる）
一拠点の場合、防災マニュアル的な要素が強いBCP（事業継続計画）をフォーマットから作成

して、備蓄品の整備と防災訓練、安否確認訓練を行い、その後、地域連携や利用者様のご自宅などの防災対策支援、お風呂サービスの解放など社会貢献の部分を広げていけばよいと思います。

2　建物の基本的なことを理解

築年数や工法と新耐震基準

築年数を理解することはとても重要です。建築確認日が昭和56年6月1日（1981年）以降であれば新耐震基準を満たしていることになり、震度6強~7でも倒壊しないとされています。

工法では、木造、軽量鉄骨、重量鉄骨、鉄筋コンクリート、鉄骨鉄筋コンクリートがありますが、倒壊しなくても、室内がぐちゃぐちゃになりタンスなどの下敷きになりますから、寝室には家具を置かないようにしましょう。建物自体に窓ガラスが多く、壁が少ない建物もガラスが割れて倒壊の可能性が高くなります。

また、駐車場の位置が2階部分の下にある住宅やマンションも、地震の揺れを建物全体で受け止めるときに歪みができてしまいますので、全壊や半壊の可能性が高まります。熊本地震のように何度も強い揺れに見舞われる場合は、2回目、3回目の揺れで倒壊するケースもあり、その場合は新耐震基準を満たしていても安心できません。

古い家屋で倒壊の可能性がある住宅の場合は、寝室に頑丈な家具を置いて、それらを完全に固定してその部屋を堅牢にする方法もあります。その他、ベッドそのものに頑丈な柱と屋根がついているシェルターのような耐震ベッドも30万円～50万円くらいで販売されています。いずれにしても地震発生からの圧死は避けたいです。

貯水槽や下水、湧水の処理システムと停電時の動作

施設に貯水槽がある場合、屋上にあるのか、1階部分か、地下なのかを確認しておきましょう。地震では水道配管、消火水配管がよく壊れますが、屋上や上層階の配管が壊れますと、濡れるだけではなく、パソコンや電気配線システムを濡らして使えなくなる場合もあります。どの配管のバルブを閉めたらよいか、必ず確認して表示をしておきましょう。

地震を感知して自動で停止する緊急遮断弁も後づけすることができます。

貯水槽があると便利なことがあり、その水が飲料水として使えますから、一旦バルブを閉じて必要に応じてバルブと蛇口を開き、分け合うようにしてください。そのためには、どのバルブなのかを確認しておく必要があります。

貯水槽からの給水において都合のいいところに蛇口がない場合は、蛇口を新設してください。その蛇口からの給水をキッチンで使えるようにホースを準備して清潔に保管しましょう。

高層階の建物ならば、1階の給水バルブだけを開き、1箇所だけ蛇口から水を出して分け合い、次に2階のバルブだけを開き1箇所だけ蛇口から水を出して分け合うようにすれば、10階だとして

も、下まで水を汲みに行かなくて済みます。

飲料水を汲み上げられないときは、水中ポンプ（電気式・充電式・乾電池式・手回し式）を準備しておくのも手です（数千円〜数万円）。さらに、私の指導先では地下貯水槽に都合のよい蛇口がなかったので、蛇口を新設するまでの間、灯油を組み上げる乾電池式ポンプを新たに購入し飲料水用に保管していました。

また、施設には、地下に下水や湧水を溜めてから、ポンプアップしている場合がありますが、停電によりポンプアップが動作しない場合は、溢れることになりますので対策しましょう。

下水が自然排水なのか、一時溜め排水なのか案外知らないものですから、必ず確認したほうがよいです。

保安関係設備の動作など

火災報知器・警備システム・入退室カードキー・防犯カメラ・ナースコール・スプリンクラー・館内放送・消火栓などが停電のときにどのように動作するか知っていますか？　ほとんど答えられないのが現実です。皆さんは停電でも当然のように動作すると思っていますが、動かないのがほとんどです。

火災報知器は、60分間の警戒待機、10分間の鳴動が法律で義務化されており、バッテリーに接続され、多くの場合は緊急放送もできるようになっています。

消火栓は、放水ホースが設置され訓練している施設はかなりあると思います。停電のときでもそれが使えるかを確認しておきましょう。

停電時の消火栓と消火ポンプの動作では、次の4つがあります。

・落下水圧で少し出る場合
・バックアップ電源で動作する場合
・非常発電機との連動で動作する場合
・まったく何も水が出ない場合

私の指導で初の放水訓練を行ったら、茶色のドロドロの消火用水が出たことがありました。スタッフもびっくりして笑い転げていましたが、定期点検を業者任せにしてはいけません。また、呼び水タンクに水が入ってないことで、ポンプは動くけど放水ができない企業もありました。必ず自分たちで放水訓練をしましょう。

さらに訓練で警報器を押した瞬間に、警備会社から緊急出動の確認が入る場合もあります。「あっ　忘れてた!」とならないように警備会社に訓練通知をしておきましょう。

また、介護施設の場合、火災警報器の緊急通報ボタンを押すだけで、消防署が駆けつけてくれるようなシステムの施設もありますから、自分の施設の保安システムの動作をスタッフ全員が知っておくことで慌てずに済むわけです。

私たちは、スプリンクラーの放水訓練はしません。性能が維持できているかの確認は業者に任せますが、スプリンクラーに対して私たちにできることは、次の４つが重要です。

①目視できる位置に必ずあること
②後づけのパーテーションが消火を邪魔しないこと
③スプリンクラーの真下や消火の障害になるラックやキャビネットを置かないこと
④ラックの上の障害物が地震で落下する際にスプリンクラーヘッドを破壊しないこと

実際の災害時に高所に積んだ段ボールがスプリンクラーヘッドに当たり破損した結果、毎分30～80リットルの水が放水され警備員が来るまでの間、止めることができなかった話をその現場に居合わせた人から聞きました。

停止するための制御バルブが各階に必ずあるはずなので、位置を確認し表示することと、水槽からの水なのか、水道水からの直結なのかも確認しておきましょう。直結なら水道水が停止したら放水できません。

水槽タイプは基本的にポンプ式なので停電対応しているのか、未対応なのか消火栓と同様に確認が必要です。

火災や水害に対する避難、１１９番通報、初期消火は、スタッフ採用や人事異動の際、最初に指導する項目です。

人を守る建物の保安関係を理解して、訓練と表示が重要です。

3　緊急連絡網をつくるときの重要事項と自動参集

何度も安否確認ができて双方向通信が理想

安否確認はBCP(事業継続計画)作成の中で最初に着手すべき項目です。すでに何らかのコミュニケーションツールで、病欠や出張も含め仕事を円滑に進めているはずなので、難しく考えないで、まずはそれを文書化するだけです。そこからのスタートで改良と改善を重ねます。

例えば地震は何度も揺れ、その後、津波が発生し、火災発生と次々と災害が連鎖的に発生します。ですから、「一度連絡がついたから安否オーケー」という訳にはいきません。

災害による影響が大きい場所ほど連絡がつかないですから、次の4つの安否確認を想定しておきましょう。

・一斉配信型(システムや本部から安否確認のメールが配信されスタッフが返信)
・情報集約型(スタッフや施設長から安否情報を本部へ送信　本部で集約)
・情報共有型(SNSやLINEのように1人が配信すると登録者全員が同じ情報を共有)
・訪問捜索型(連絡が付かない仲間や利用者様を探しに行く)

これらを、自由に使えるようになっておいたほうがよいので、次のようにしましょう。

・携帯電話番号「通話」

・携帯電話番号「ショートメール」
・携帯電話「携帯メール」
・スマートフォン「Gメール」「Y！メール」「PCメール」
・スマートフォン「LINEトーク」「SNS通話」「独自の社内共有システム」
・スマートフォン「アプリ」（情報共有のアプリは色々あります）
・タブレット端末「アプリ」

誰が何を使えるのかを確認し進めていきますが、もっぱら職場で使用しているツールのほうが使いやすいです。それで補えない部分をシステムやアプリケーションの機能に求めることになります。

情報の盗難や盗聴・データウィルス感染の心配がありますが、セキュリティーレベルを上げてからアプリ導入するより、まずはすぐできることから安否確認リストをつくりましょう。

大規模災害では行方不明者が出る恐れもあります。スタッフが被災し、全く連絡がつかないときは「訪問捜索」をします。単身住まいのスタッフの場合は親や親戚にも連絡して共同で居場所を探します。避難所に避難しても精神が安定せず、職場にも連絡できない人も過去にいました。

自宅にいないときは付近の避難所を訪ねて回ります。現場スタッフは施設での介護ケアを継続しなければならないので、「訪問捜索」は経営本部職員の出番となります。

さらに全く連絡がつかなくても「自動参集メンバー」が自動的に集合場所に集合し到着したものから初動対応を行うように決めておくことが必要です。

自動参集メンバーについては、勤務時間外・非番の時・夜間を決めておく必要があります。
・時間に関係なく参集するメンバー
・明るくなってから安全が確保できた上で参集するメンバー
・自宅待機するメンバー
この自動参集メンバーに関しては、マニュアルで理解するのではなく、メンバーそれぞれが肝に銘じておくことで成り立ちます。特別警報が出たら、参集メンバーに「準備せよ」の通知が送られるようにしておきます。

そして予期せぬ災害では、「連絡なくても行動！」です（93ページの10を参照）。

安否確認表記の仕方

財布や定期券の中に入るサイズに印刷して持っておくようにしてください。「水に強くて破れにくいＡ４」の紙が市販されていますので、それに印刷して、参集場所と初動対応時の役目、重要連絡先を持ち歩くようにしておいてください。

また、携帯電話やスマートフォンのアドレス帳に保管することも忘れないでください。さらにグループ化しておくと便利でしょう。

ＬＩＮＥトークなどでは、「大丈夫？」などのやり取りではなく、次のことを端的に送信し、端的に答える練習をしておいたほうがよいです。

・自身と家族の安否？　安全
・出勤の可否？　出勤可能
・状況のコメント？　停電ですが家族皆無事　自転車で通勤可能

利用者様のご家族に対しては、次のことを回答してもらうようにしましょう。

・利用者様の安否　軽傷（応急手当済み）
・状況のコメント　送迎について、宿泊について、避難（避難先）についてなど

今はスマートフォンのアプリも含めて多様なツールがありますが、自施設で現在使っているツールを使った練習が必要です。

次のステップで情報連携ツールを使って安否確認し、そのツールを通常使いにしてください。また、「ＬＩＮＥはまだ全員が使ってないので安否ツールとして使えません」となりますが、使っている人だけでもつながれば、後の人は別のツールで情報連携すればいいので楽になります。二段階情報連携でいいので便利なツールは使ってください。

電話で１軒ずつ連絡する、ループ型で次の人へ連絡する方法などはおすすめしません。電話で連絡する場合は、１人のリーダーから自分のグループ６人くらいへ連絡するくらいはできます。

リーダーは連絡がついたメンバーを上司に報告するようにしてください。

（例）「○○チーム総員５名、安否不明２名　山口と鈴木です　以上」

また、その安否確認メモをスマートフォンで写真撮影し、メールなどのツールで上司に送信する

と時系列での記録にもなります。

安否確認の第一報発信タイミング

災害時の安否確認の発信の「災害」には大きく2種類あり、タイミングも2種類あります。

・予測できる災害（風水害・台風・パンデミック）営業時間内

・突発的な災害（地震・事故・停電）営業時間内と時間外

予測できる場合の時間は、台風が上陸する前日に計画運休情報を15時にＪＲ西日本やＪＲ東日本は発信し、各私鉄も「予告運休」・「事前運休」など事前にダイヤを発表するようになりました。その情報を得て、明日の出勤体制を災害対応出勤に変更する企業が増えてきました。一部のスタッフは宿泊、一部のスタッフは明日早めの出勤、一部のスタッフは自宅待機と変更されます。

安否確認は、予測可能な災害の場合、天気予報などで風速30ｍ／ｓ以上の台風の接近時に必ず実施するようにしてください。発信するか迷ったときは発信するほうを選び、台風接近の前日16時に発信しておくのです。

地震の場合は、緊急地震速報を受け、本震が来る前にシステムが自動的に安否メールを発信する仕組みと、起こった地震の大きさによって、人が発信するタイプに分けられます。

システムが発信する場合は、何度も地震が発生する場合、その分配信されることになります。安否メールの発信が多すぎてシステムをつくっている会社があえて配信に制限をかける場合もあります。

人が発信する場合、最低でも3人体制で順番を決めておきましょう。「震度5で実施」と決めていても、揺れている最中には震度はわかりません。だから、震度が4でも5でも、迷ったらスタッフへの安否確認は発信するようにしてください。

例えば、「本部の第一発信者が地震発生から5分以内に安否メール発信を行い、10分経っても受信できない場合、第二発信者がメール発信する。15分経っても、安否メールが受信できない場合、第三発信者が発信する」。このように決める場合がありますが、SNSを使用する場合は、グループの誰かが発信すれば登録者全員に配信されるので、「1位から3位までの誰でも早い人が発信すること」としておくとよいです。

「情報集約型」とは、事故や病気、災害に遭遇しているスタッフが上長や安否専用メールや安否SNSグループに自分の状況を知らせることでBCPコアメンバーに情報が集約される型で、病気理由の欠勤連絡に似ています。次のような内容になりますが、全く被災がない人も「出勤可能」を連絡することが約束です。

・自身と家族の安否？　避難所で安全
・出勤の可否？　出勤不可　電車停止のため
・状況のコメント？　○○小学校避難所で家族皆無事

「情報集約型」ならば、連絡するのは、スタッフ側になるので発信者は楽になります。これの利点は、災害の影響は場所によって違うので、第一発信者の地域では大した地震の揺れではなくても、ある地域では極端な揺れになるかもしれません。津波や土砂災害なども少しずれるだけで全く被害が異なりますから、安否確認には、「情報集約型」も盛り込んでください。

スタッフの出勤状態に伴い、サービスの提供も変わってきます。介護ケアの優先度を決めておくのがＢＣＰ（事業継続計画）です。

個人情報

スタッフの個人情報で、場合によっては、ＬＩＮＥのＩＤは教えても、携帯番号を教えない人が時々いますが（私の感覚では5％の人）、無理に聞き出すことができないので、そのまま安否確認訓練などを行います。ラインの安否確認訓練は参加できますが、それ以外が参加できませんから時間が経てば本人から番号を教えてくれます。

また、例えば、30名のスタッフが全員の個人情報を知る必要がなく、施設では資格や作業内容などによってグループやチーム分けされているはずなので、そのチームメイトだけで共有され、個人情報が全員に知れ渡らないように工夫するのも1つの方法です。

利用者様の個人情報は取り扱い上、鍵のかかるキャビネットに保管されていますが、地震や水害の場合、その鍵が見つかりません。ですから、利用者様ご家族の緊急連絡先だけは別の場所にも保管しておきましょう。デジタルとアナログのダブル保管をしておきましょう。

また、利用者様の、自宅の電話、利用者様のご家族の固定電話、ご家族の携帯電話、ご家族につながらない場合の2番目の緊急連絡先を最初に契約する際に記録してください。

例えば、利用者様本人はもちろん、ご家族の自宅の固定電話（ＦＡＸの有無）、ご家族の携帯電話、配偶者の携帯電話、さらにメールアドレスとＳＮＳを記録しておき、いくつもの方法で連絡できるように二重三重に準備しておきましょう。

4　ハザードマップの確認とＢＣＰ（事業継続計画）への表記法

ハザードマップで知っておくべき点

まずは、自治体のホームページには災害ハザードマップのページが必ずありますので、そこで次の内容を調べてください。また、これらは、数年に一度更新されます。必ず毎年確認したほうがよいです。

私は、一地域について複数のハザードマップを調べて情報を収集しています。

- 自宅の標高　ｍ
- 職場拠点の標高　ｍ
- 地震震度○○弱・強
- 地震ハザードステーション（J-SHIS）カルテ

・洪水 0m〜0m
・内水氾濫 0m〜0m
・高潮 0m〜0m
・津波 0m〜0m
・土砂災害の危険（マップ）
・ため池の危険（マップ）

重ねるハザードマップの使い方（津波・洪水・土砂災害など）

国土交通省の「重ねるハザードマップ」は、住所番地を空欄に入れると、フラッグポイントが示され、位置がわかりやすく、ピンポイントの標高などもわかり、かつ、津波や高潮、土砂災害の危険性も色分けで表示されとても使いやすいです。さらに、地形区分から見た災害リスクを調べることができます。さらに、動きの速さも魅力的です。しかし、最大の難点は、洪水や高潮については国内全地点を網羅していません。必ず地域のハザードマップで確認しましょう。

とは言え、ピンポイントで場所にフラッグポイントを示してくれること、正確な標高を表示してくれることが、スタッフ、利用者様、協力業者様の位置情報を正確に導くことができ、スクリーンショットで保存できることは素晴らしいことです（一度に複数箇所のフラッグポイントは表示できません）。

【図表４　重ねるハザードマップ】

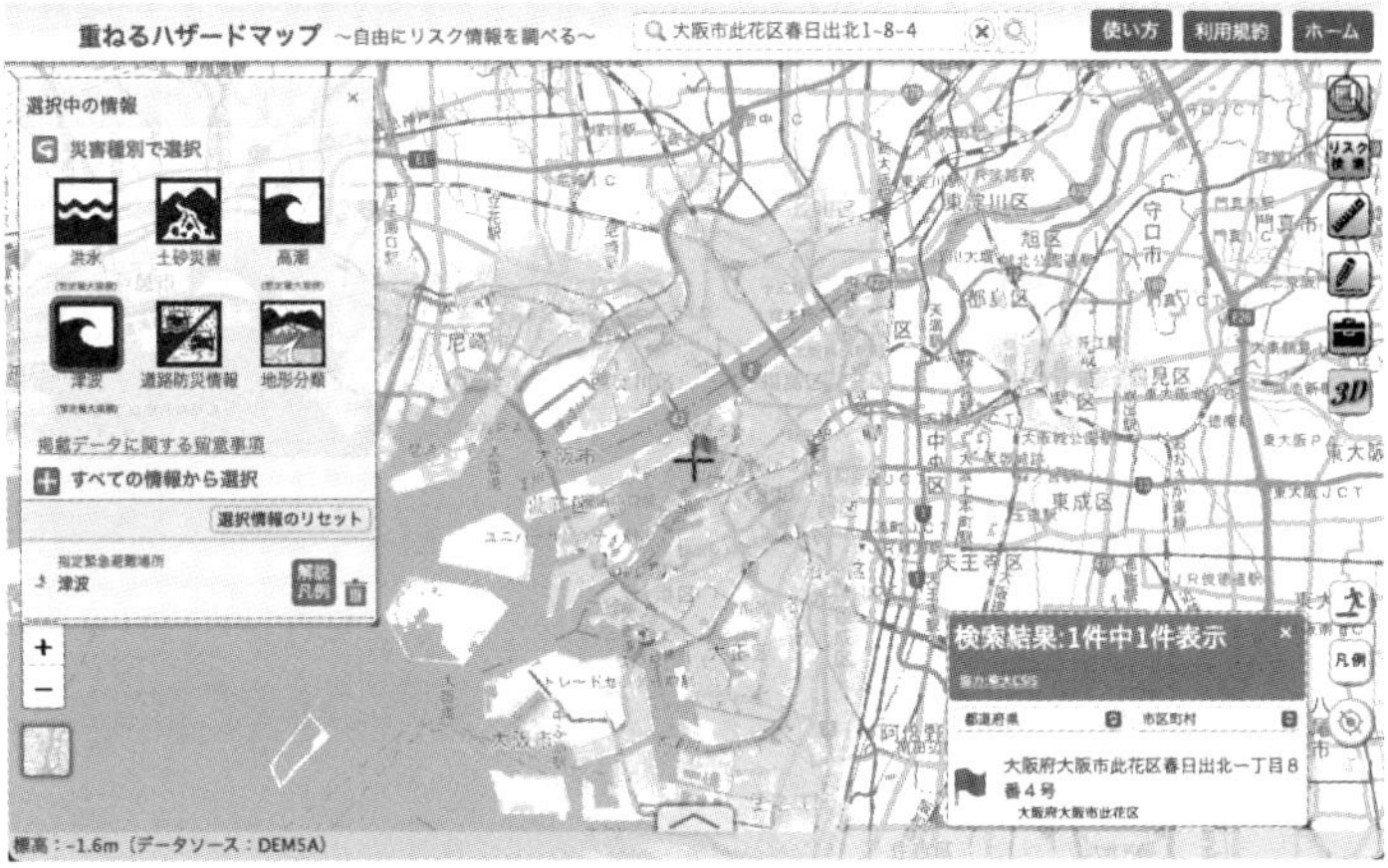

図表４は、大阪市此花区の「重ねるハザードマップ」地図になりますが、これによると、津波による被害が大阪市内では一番濃く表示されています。

上の真ん中には、「住所番地」入力欄、左下には「標高」、右下には「凡例」、一番下の真ん中の「へ」のようなマークをクリックすると、「座標」やこの地区の自治体の「ハザードマップ」にリンクが貼られています。地形区分から見た災害リスクを表示します。

地震ハザードステーション（J-SHIS）の便利な使い方

J-SHISは「地震ハザードステーション」と言います。

国立研究開発法人防災科学技術研究所が作成しているものですが、素晴らしいウェブシステムで地震の確率や地質など多くのことが表示され、視覚的にわかりやすくなっています。

ハザードマップは、見た瞬間に脅威があるのかないのかがわかりやすいほうが、スタッフの防災意識の向

【図表５　地震ハザードステーション（J-SHIS)】

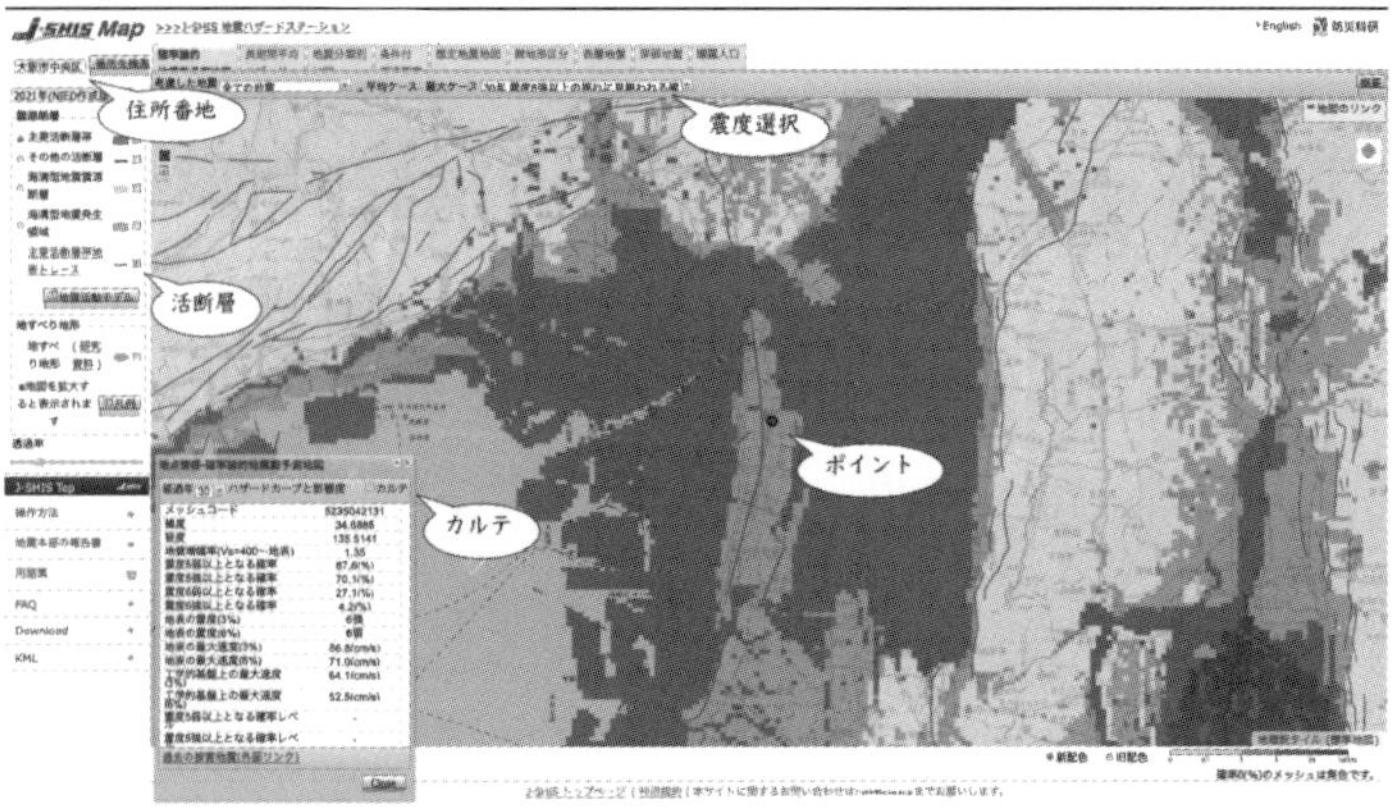

上に役立ちます。

このマップも住所番地の入力により、ピンポイントで表示されます。表示されない場合は番地や丁目を抜くなどして再検索すると近い場所が表示されます。

私が気に入っている仕様は４つあり、１つ目は「活断層」が表示されます。２つ目は「震度選択」ができることです。J-SHISマップに真っ赤に表示される地域でも、震度選択を「震度６強以上に見舞われる確率」に変えると、マップに強弱が現れます。３つ目は、その地点周辺の「カルテ」です。ポイントされた地点をさらにクリックして近づいていくと、左側にカルテなどのウィンドウ枠が出ますから、そこの「カルテ」をクリックすると、ウェブ版カルテが表示されます。

カルテは、表示されているウェブ版の右上の「ＰＤＦ」マークをクリックすることでＡ４サイズのＰＤＦに変換でき、パソコンの好きなところに保存できます（画面のスクリーンショットが必要ありません）。

４つ目は、素晴らしいことに、ポイント地点を複数表示できることです。

これは、スタッフや協力業者様、利用者様が地図上でどんな配置になっているのかの確認にも使え、関係先の位置関係と脅威の比較もできます。

スタッフの位置関係と利用者様の位置関係で見えてくるもの

東日本大震災のとき、高台にある幼稚園で地震後に園児たちを町のほうに送り届けるため、箱バン型の送迎バスを出発させて、乗り込んだ園児たちだけが全員被災する事象が起きました。

運転手は、バスが津波被害を受けながらも園児を置いて助けを求めて園に戻りましたが、そもそも津波被災地区に救援に向かえる状態、人が入れる状況ではなかったので、救援に行けませんでした。その後、とても残念なことに、送迎バスの園児たちは津波の後の火災にも巻き込まれて、全員が津波の後の火災の犠牲になりました。

ここでは、何が悪いかではなく、私たちはその園児たちの命の教訓を得て、送迎バスを出す判断ではなく、園児を園に残す判断を選択肢にプラスできるように、事前にハザードマップを確認しなければならないのです。

送迎バスはとても大切な命を運んでいます。ハザードマップ上に利用者様の位置ポイントをつくることができたら、水害の場合、地震の場合、土砂災害の場合など、送迎の順序やルートを変えられます。事前にアンダーパス、橋、土地の低いところ、土砂災害の危険性など確認しておきましょう。

また、災害リスクの高い利用者様のご自宅の耐震診断や耐震補強、浸水対策、バリアフリー対策など改善の必要があれば、補助金などの確認も含めて業者との橋渡しもできます。最低限、住居のどこに寝室があるのか、そこに寝ているときにタンスの下敷きになるような置き方をしていないかなど尊い命のために事前にできることがわかるようになります。

各地のＧＩＳ（：Geographic Information System）マップの使い方

県単位・自治単位と決まっている訳ではありませんが、多くの場合「地名ＧＩＳ」で検索すると、地理情報システムが検索結果に現れます。その中に、自分の地域と関係性のあるデータが表示されます。

国土地理院のデータを元に、地形・地質・標高・土地利用・人口統計などとてつもない量の情報が詰まっていますので、使い方次第です。また、これは地域によって表示される中身がかなり違うことを承知しておいてください。また、データが多いので表示に時間やパケットをたくさん使います。ほとんどの場合、利用規約に承認することを求められます。役に立つ素晴らしい情報が満載です。

例えば、次のような情報にアクセスすることができます。

「大阪　ＧＩＳ」＝「マップナビおおさか」大阪市の人口統計・都市計画・防災マップ・液状化マップ
「山口　ＧＩＳ」＝「山口県ＧＩＳ」地形分類・地質分類・地すべりマップ・観光スポット
「北海道　ＧＩＳ」＝「ＧＩＳで見る北海道の環境と資源」土地利用・防災マップ・農林水産業情報

「横浜　ＧＩＳ」＝「横浜市地図情報ポータルサイト」区ごとの医療福祉施設・防災設備・ＡＥＤ・避難場所

県単位だったり、市区町村単位だったりしますが、情報は市民の暮らしに役立つように綺麗にまとめられて表示されています。

地域の液状化の調べ方

「液状化」はとても大変な地震による災害です。土地が地震の揺れで地面から20メートル以内の深さの土が「泥水」のようになる現象です。揺れそのものと、地下水の影響などがあり、ある程度計算で液状化のなりやすさは専門家の間では計算できるようです。

液状化の大きな被害を受けていた地域は千葉県浦安市で、「浦安震災アーカイブ」ウェブサイトで当時の状況を確認できます。市では、「浦安の未来のために、震災を忘れないために」をスローガンに、私たちが動画や写真データを見て液状化の現実を忘れないように、泥水の噴出・大地のうねり、揺れる爆音、被災者の音声まで見ることができます。

液状化を自治体の防災ハザードマップに表示している地域はとても少ないです。インターネット検索では、県単位の大きすぎるマップや被災区域レベルの小さすぎるマップがあり、ちょうど知りたい部分にたどり着くのがとても大変です。

前述の「地名ＧＩＳ」マップに液状化マップを掲載している地域もありますので、次の順番で調べてください。ただし、ちょっと根気が必要です。防災マップの中の液状化にチェックを入れたときだけ表示されたりします。

【図表6 液状化マップの検索ワードの例】

・自治体名　ハザードマップ　液状化（自治体の防災ページで表示されてない場合が多い）
・県名　ハザードマップ　液状化（ニュース記事や調査企業のページもあります）
・地名　ＧＩＳ　液状化（ある場合とない場合があります）
・重ねるハザードマップ　地形分類（対象外の地区で未整備の場合もあります）

この中でも、重ねるハザードマップの地形分類の場合、その他のリスクも解説が表示され、「地盤が軟弱である。液状化のリスクが大きい。沿岸部では高潮に注意」など表示されます。

5　裏山、斜面、ため池

災害時に危険となりうる場所

裏山、90名の特養ホーム施設は土石流で1階の山側のガラスが破壊され、土石流が一気に流れ込み、行き場のない土石流の水位が施設の中で増水していきました。スタッフが反対側（谷側）のガラスをイスで破壊して水位を下げ、90名が2階に避難しましたが、死者が数名出てしまいました。

急斜面の土地に杭を打って建物を建てている場合、その杭が岩盤まで到達しているかどうかを確認しなければなりません。しかし、岩盤層そのものが地下水の影響を受けたり傾斜したり割れたり経年劣化することも考えられます。

溜池が決壊する災害は増えています。降水量が多く長時間連続して降ることと、江戸時代など古い時代の農業用水でかなりの老朽化が進んでいます。香川県や兵庫県によく行きますが、本当にため池が多く、全国的にも瀬戸内地区に多く存在するようです。

ため池決壊は雨あがりの後に来る場合もあるようで、ため池を自分の目で確認したいところですが、豪雨時に見に行っては流されてしまいますから、事前にため池ハザードマップでリスクを確認しておきましょう。

6　原子力発電所からの距離５㎞圏内と30㎞圏内では避難の仕方が違う

被ばくから身を守るために

原子力発電所の安全神話が崩れ去り、想定以上の津波で破壊されてしまいました。廃炉に向けての作業や放射能汚染水の問題など課題は山積みです。

原子力発電所からの避難について、５㎞以内と30㎞圏内、30㎞圏外では、対応がかなり変わってくることがわかりました（放射能の煙や粉塵は風の強さと向きにより範囲は変わる）。
・５㎞圏内では、防護施設に避難するか、あらかじめ圏外安全施設に脱出
・５㎞〜30㎞圏内では、屋内退避、その後順次圏外へ避難
・30㎞圏外では、放射線量などの計測結果を元に適切な地域へ避難

放射能の場合、線量の高い放射線に被ばく（外部被ばく）することが一番怖く、呼吸や被ばくした食物を食べること（内部被ばく）も脅威の1つです（参考：経済産業省 資源エネルギー庁）。

原子力発電所のある地域では、稼働していなくてもそこに核燃料がある限り、脅威はなくならないのですから、地域ぐるみの訓練が必要で、かつ住民は積極的に学び参加すること、さらに要支援者への配慮が欠かせません。

５㎞圏内の社会福祉施設では、専門家の意見を取り入れた、被ばくを最小限にするハード的な対応も必要になるかと思います。鉄筋コンクリートの建物で、換気を止めて外の空気が建物の隙間から中に入らないようにし、業務用のＨＥＰＡフィルターを使って外の空気を吸入して、施設内をきれいな空気で陽圧に保ちます。サッシ窓もテープで隙間を埋めてしまいます。

スイスでは当たり前でも日本ではあまり導入が進んでいない核シェルター設置も、検討したほうがいいかもしれません。今後の原子力発電の政策によると思います。

個人的には、長崎原爆で私の祖父、父が被爆したので、原子力を使うことには反対です。

7　従業員自身が自宅のリスクを調べることの大切さ

従業員の防災意識を高める

今まで色々なリスクを調べてきましたが、スタッフが自分自身でリスクを調べることが基本です。自分の住んでいるところがどのようなリスクがあるのかを自分で確認し、地図をスクリーンショットしてハザードマップのExcelなどに貼り付けます。苦手なスタッフにもやり方を教えてあげて、この作業を毎年やることで防災意識を継続します。

8　介護事業所の避難はまずスタッフだけで演者交代訓練

演者交代訓練で利用者様の気持ちがわかるようになる

介護事業所の避難訓練は、慣れるまでは実際の利用者様を参加させるのではなく、スタッフだけで実施し、昼間のスタッフの多い時間帯の訓練と、夜間当直のスタッフが少ないときの訓練をします。

訓練は、「火災訓練」「水害訓練」「地震訓練」「ＢＣＰ机上訓練」の４つです。

火災避難は、非常階段の防火扉の外側に次々と連れ出すことを優先し、下ろすのはその後にします。

火災訓練のポイントは2点です。

①初期消火のスピード（できれば1分以内）

②避難のスピードと低い姿勢（煙・一酸化炭素を吸い込まない）

配役については、事務所で通報役、お風呂介助する役、お風呂介助される役、食事介助する役、食事介助される役、ケガ人役、応急手当役、搬送役、生命維持装置取り付け役などを決めましょう。配役を変えて何度も行うことで、利用者様側になったときの気持ちもわかるようになります。

9　施設長の指示なくとも動ける体制を日頃から確立

緊急時対応をオペレーションできるように

施設長がいなくても、緊急時対応を普段の仕事のようにオペレーションできるように訓練します。1回の訓練で何回も繰り返したほうがよいでしょう。

訓練でも最初は落ちついてできるわけではありません。慌てず落ち着いてできるようになるまで何度も実施すれば、何を優先すればよいかわかるようになります。

前項のように役割を変えながら実施しましょう。まずは、施設長は施設長役をすることから始めて、その後は利用者様役など他の役もこなし、自動参集者は施設長役を交代で実施します。

10　安否確認発動と自動参集コアメンバーの周知と意識向上

災害が起こる前に意識向上

予測可能な風水害の時は、15時過ぎに「電車運行情報」と「天気予報」を確認し、大雨警報・洪水警報・氾濫警戒情報・氾濫危険情報・特別警報・運行停止などが出るようであれば「自動参集者」への注意喚起を施設長が行います（集合して話すとともにメールなどでも通知）。

「今夜は大雨警報が発令されています。洪水になる前に当直者より自動参集を発令する可能性があります。よって、今夜は当直者を1名増員します」

「当直者は気象情報と河川カメラで○○川の水位を毎時確認し自治体からの情報に注意してください。明るいうちに手分けして、屋外のゴミステーションや排水溝の点検などを行ってください」

「自動参集者の皆さんはガソリンを補給して、緊急参集に備えて自宅待機してください」

11　備蓄品の紹介

一人暮らしの最低限の備蓄

何を用意したらいいかわからない一人暮らしの方は、水と米とレトルト食品を2週間分ローリングストック（先入先出し）してください。お米だと2㎏（13・3合）を3袋買ってきて、1つなくなったら1つ補充してください。それとLEDライトと電池です。

水は2リットル10本をローリングして、2本使ったら2本買い足してください。これが、本当に最低限の備蓄です。

代替拠点用準備物については「第4章　5代替拠点で最低限何をやるのか？　そのための準備物は何を？」（116ページ）、訪問介護サービス利用者の自宅備蓄については、「第4章　7訪問介護の注意点」（120ページ）に記載しています。

介護サービス用備蓄、災害対応スタッフ用の施設内備蓄などは、「第6章　2の(8)必要品の備蓄」（152ページ）に記載しています。

12　あらかじめわかっている災害への事前対策

転倒防止・飛び出し防止、飛散防止

地震に対してできること、転倒防止と飛び出し防止を行うと、落下物で心が折れるのを防ぎます。地震の轟音と壊れる音、落下する音で驚いて心が折れないように、お茶碗、コップ、キャビネット、タンス、本棚、冷蔵庫、靴箱、電子レンジ、オーブンなどの転倒防止を行いましょう。洗濯機は転倒して水道蛇口につないでいるホースが切れると、水が吹き出し水浸しになります。洗濯機を

固定するか、洗濯機用ニップルストッパー付き水栓（2000～3000円）に変更しましょう。
洗濯乾燥機、洗剤を置いている台が転倒すると、液体洗剤・粉末洗剤・漂白液が散乱し、混ざると危険なガスを発生させてしまう場合があります。

医薬品庫、サーバー、モニターなど、すべてを転倒防止してください。壁が石膏ボードの場合は壁を部分的に板材や厚ベニヤなどで補強して、固定具で固定するようにしてください。コンクリートに壁紙が貼ってあり、穴を開けたくない場合は、その部分の壁紙を剥がしてから強力両面テープの固定具で止めてもよいと思います。

私がある企業を点検した際に、キャビネットの転倒防止を4月に行いましたと言っておられ、そのキャビネットの上部を7月頃に確認したら剥がれていました。ベルトと協力両面テープで止めるタイプです。この場合は、ベルトを緩めにしないと確実に剥がれます（他企業でも同様のことは何回もありました）。

壁紙に両面テープで固定具をくっつけても、暖かくなる頃にほとんどが剥がれます。しかも、見た目にはくっついているように見えるので気づきません。くっつきがいいものは剥がれません。製品の差というより、貼り付ける力と壁紙が問題なのかと思います。

家具やキャビネット、家電の固定の仕方

地震に備えて、固定する方法は図表7のとおりです。

【図表7　家具などの固定の仕方】

・建物につくり付け（壁自体が強くなり、とてもよいです）
・L字金具でビス固定（アングルで背面上部を端から端まで固定）
・床にアンカー留め（ネジやボルト・ナットで固定）
・OAフロアのアンカー留めは専用アンカーが必要
・キャビネットの上段下段をネジで固定
・キャビネットやラックを背中合わせにしてボルトで固定
・突っ張り棒で固定（できるだけ壁際に近いところで壁に対して直角）
・ゲル状の耐震マットで固定（経年劣化します）
・ワイヤー・くさり・ベルトで固定
・両面粘着ベルト伸縮タイプ
・耐震ダンパー
・開き戸ロック
・感震式落下防止バー（可変式）
・落下防止バー固定式
・食器・本・ファイルが飛び出さないように滑り止めテープを貼る

・本やファイルが飛び出さないようにゴムベルトを張る
・食器はカゴに入れて食器棚に保管し、カゴごと出して食器を使う
・食器棚のガラスが飛散しないように飛散防止フィルムを貼る（フィルムはガラスの内側に貼る）
・建物のガラスが飛散しないように防犯フィルム・断熱フィルム・UVカット飛散防止フィルムを貼る（外貼り用と内貼り用がある）
・はめ殺しの窓（開閉できない固定窓）は地震で特に割れやすいからフィルムを貼る

色々なことをやっても、家が壊れるレベルの地震では、ガラスが割れ天井が落下し、あらゆる物が倒れて、壁も剥がれ壊れて家が倒壊します。けれど、転倒防止対策は転倒までの時間を少し伸ばすことができます。ほんの数秒で安全地帯に逃げられますので、転倒防止と飛び出し防止、飛散防止は必ず行いましょう。

また、倉庫の中のラックやキャビネットが地震で倒れている場合、押しドア式の扉から倉庫の中に入れません。引き戸（スライドドア）の場合も障害物で開かなくなります。

キャビネットの置き方を考えて、地震でもドアが開閉できるようにしましょう。さらに倉庫の中の蛍光灯は落下しないタイプに変更してください。利用者様の居室の蛍光灯も、ベッドの上に落ちないような位置に変更してください。

通路確保・電気配線の考え方

通路を確保することは通常業務を安全に推進する上でも、非常事態のときでも常に重要なことです。幅80センチの通路幅は確実に確保しておきたいものです。

もしキャビネットや下駄箱、タンスのようなものが倒れてきたとしても、80センチの隙間があり、そこを避難通路として使えることは緊急時に車椅子がぎりぎり通れるので役に立ちます。避難通路は通常よりしっかりと確保することが必要で、消防からのチェック時や保健所からのチェック時だけ通路を確保して荷物や段ボールを倉庫に押し込み、チェックが終わった後に元の不安全状態に戻るのは避けたいところです。

あなたの施設では避難階段付近に物を置いていませんか？　地震で倒れても通れますか？　液体が飛散しませんか？

火災の場合、避難するときは内階段よりも外階段を使うほうが煙に巻き込まれる心配がないのでよいと思います。ですから施設では内階段を1つ、外階段を1つ以上つくるほうがよいと思います。

電気関係が原因の火災は毎年5000件以上です。足元の配線やネットワークの配線などがデスクの後ろでくちゃくちゃになっているところが結構ありますが、10センチ以上の直径のループ形に巻き軽く留めてフックで掛けておく、床を配線コードがダラダラとは這わないようにします。配線タップは、床より20センチ以上高い部分で壁に固定します。外れそうなコンセントがないか、毎週チェックすることをおすすめします。

電源タップは、順次雷サージタップに変更し、雷の影響で故障しないようにします。

重要なのがインターネットの線になります。インターネットの線は、できればＨＵＢ配線をなくしてWi-Fiで施設内共有できるようにしておいたほうがよいでしょう。席替えや配置換えで配線をつなぎ変えて、ＨＵＢで接続することはとても面倒なことです。ですからWi-Fiをつないで、ワイヤレスでできるようにしておきましょう。

Wi-FiにもＵＰＳ（無停電電源装置）を接続してバックアップ電源を確保することも必要です。デスクの足元で暖房を使い、配線を椅子で踏んだりしないように、できるだけ配線を上げて床を這わないようにしましょう。

居室の中でも、利用者様がつまずいたり踏んだりしないように、配線を工夫しましょう。プレイルームなどでカラオケや電気を使った装置を使うときに、配線タップ線をつないで伸ばす場合がありますが、そういうときに利用者様の車椅子や利用者様自体がそれにつまずく場合があります。できるだけ人が通らないところでは長い距離を回してもよいので、そちらから電源を取るようにしましょう。ですからコードは長尺物を用意しておいたほうがよいでしょう。

配線を伸ばして歩行エリアを通る場合は「軟質モール」を使って配線を通すと、ゴム製ですので滑りをなくすことができます。

一時的な使用なので、床に貼りつけないようにしましょう。

デジタルデータ保守

パソコンの台数が全員分はないので、ＵＳＢに保管して作業をする場合が多いのが介護事業の特徴です。ＵＳＢは1人1～2個持ち、ＵＳＢに名前を書いて「山田花子1号、山田花子2号」として、それを持ち帰らずにオフィスの共有エリアに保管（水害に合わない場所）するようにしてください。

さらにそのＵＳＢとの共有パソコンを1台つくって、そこの中にはＵＳＢバックアップ用個人フォルダーをデスクトップにつくり、使用するＵＳＢと全く中身が同じ状況にするというのを担当者ごとにつくってください。常にＵＳＢ側を最新と考えて使用し、更新したＵＳＢデータを事あるごとにパソコンにバックアップ（コピー）する癖をつけます。

そのパソコンのバックアップはクラウドか、NAS-HDDに毎日自動でバックアップできるようにしてください。

利用者様データ基幹システムはバックアップが実施されている場合が多いですが、各資料を作成している途中のファイルなどは、実施していない場合が多いので、データを守るために必ずバックアップを実施しましょう。

利用者様データ基幹システムサーバーシステムのバックアップをNAS-HDDに実施し、そのNAS-HDDが、その基幹システムサーバーの横に置いてあるケースがよくあります。横に置いていると同じ災害で同時に被災してしまう可能性があり、別の階、別棟のNAS-HDDかクラウド上にバックアップを保存するほうがよいでしょう。また、NAS-HDDもＵＰＳ（無停電電源装置）につないでください。

ＵＰＳ（無停電電源装置）を接続するおすすめは次のとおりです。

・基幹システムサーバー（ケアプラン・調剤・健康管理・介助内容）
・NAS-HDD（バックアップ）
・ＨＵＢスイッチ（インターネット配線分配器）
・Wi-Fi一式（ワイヤレス通信）
・光回線のモデム＆ルーター（光回線接続機器）
・電話の主装置（既にバッテリー搭載済みもあり）
・デスクトップパソコン（ノートパソコンは接続不要）

13　重要業務分析（ＢＩＡ）は必要だが、30名以下では全員がすでに理解している

提供できるサービスとできないサービス

提供できるサービスは「停電」になるかならないかによって大きく変わってきます。停電になればほとんどのことができなくなり、途中の業務が終了できなくなります。例えばお風呂の介助途中でお湯が出なくなる可能性が高いです。そのうちお水も出なくなります。髪や身体の石鹸を洗い流すためのお湯を提供できる備蓄が必要です（水とカセットコンロなど）。

地域によっては、ＬＰガスが使える場合がありますが、ほとんど電気制御になっているので、ガスファンヒーターもガス給湯器も動きません。

さて、そもそもできるサービスというのは、生命の安全確保、その次が、利用者様の不安を取り除く活動になります。

不安を取り除く例としては、介護士が背中に手を触れ目線を合わせて、笑顔で「大丈夫ですよ」と顔を見せてお声掛けすることです。

不安軽減のためには明かりを灯すのが一番よく、ランタンを点けるのがよいでしょう。ランタンがない場合は、懐中電灯を壁に当てて間接照明のようにして明かりを灯すと、自然な形になると思います。スマートフォンの明かりを使うのもよいですが、残りのバッテリーは通信手段として使うほうが賢明です。

継続中の業務を一旦すべて停止させ、点呼をとります。点呼をとり終えたらできるだけ1か所に集まって、全員の位置、安全状態、不安な状態が確認できるように体制をとります。しかしながら、現在は感染症対策もあり、これはできにくい状態となっています。よって食事をしているときの体制などに切り替えて、アクリルパーテーションなどを使い、一定の距離を保ちながら安全確保を継続します。

建物で待機の場合に続けなければいけないことは、「声かけ」と「寄り添い」です。さらにリラックスできる音楽をかけたり、一緒に歌ったりして気持ちを和らげます。

ラジオやテレビ、インターネットの緊急放送等は、利用者様には聞こえないところでスタッフだけが受信をして確認するほうが、利用者様の気持ちが慌ただしくなることを抑えることができます。

童謡や唱歌、懐かしのソングなど皆で歌える曲を一緒に歌いましょう。

気持ちを静めるには、お水やお茶を提供します。

何としてもやり抜くサービスとやらないサービス

たん吸引や酸素の提供は最後まで止めてはいけないサービスになります。次に大まかにサービスを記しましたが、もっと各施設にあった内容を細かく書いて、優先順位をつくってください。

点数でもＡＢＣでも要・不要・普通でも構いません。

・声かけ／体調管理／たん吸引／酸素供給／体位変換
・トイレ排泄／トイレ介助
・飲料提供／飲料介助／入浴介助／清拭
・薬の調剤／服用／服用介助
・点滴／カテーテル／尿バルーン／胃ろう
・栄養管理調理／食事提供／食事介助
・診察／検診／医療連携／口腔ケア／歯科検診／理容／美容
・ケアプラン作成／記録簿記入作成

・居室掃除・殺菌洗浄／共用部清掃・殺菌洗浄／寝具・衣服の洗濯
・リハビリテーション／イベント・研修・歌唱・遊び
・入退居者への対応／訪問者対応／ショートステイ
・訪問介護（身体介護・生活援助・生活支援・移動通院サービス）
・訪問看護／定期巡回／夜間特別巡回／移動入浴車
・福祉人材派遣
・福祉介護タクシー
・福祉車両リース・福祉用具レンタル・リース
・住宅改修工事（バリアフリー）
・介護給食センター
・酸素濃縮機リース／酸素ボンベ供給
・介護相談
・介護リネンサービス
・損害保険代理店
・セレモニーサービス・遺品整理・廃棄処理

これらを行うためには、設備や備品・消耗品・燃料・電源が必要になってきますが、あるかないかではなく、「やるべき」か「やめるべき」か、で判断し、やるべきサービスを災害時にどのようにしたら、継続できるのかを考えます。

命を守るための生命維持装置への電源供給に何ワット必要？

重要度の高いサービスを継続するために、電力が何ワット必要になるのかを機器の後ろ側やマニュアルを見て確認してください。それらに対して、次の方法で電力を供給しますが、医療用機器や生命維持装置など、ノンストップで電源供給しなければならないものは大型蓄電池（バッテリー）で電源供給を継続します。停電で機械の設定がリセットされるものは要注意です。

・非常用発電機（停電から数秒から1分以内に自動起動しますが、電力の供給先が決まっており、非常灯や最低限のポンプなどと警報機などの保安システムしか供給しない場合が多く、自家発電が燃料タンクの燃料では数時間しか電力供給ができません。
・発電機（スターターでエンジン起動・あらかじめ決めている機器や受電盤に供給）
・発電機（室外に設置し手動でエンジン起動・コードリールなどで自由に電源供給）
・ＵＰＳ：無停電電源装置（サーバー・ＩＴ機器を接続）
・ポータブル蓄電池（コンセントやＵＳＢ、ライト付きでキャンプでも使用）
・カーバッテリー充電機能付き非常用バッテリー
・デバイスバッテリー・モバイルバッテリー（日常使いＯＫ）
・車両からカーインバーターで接続（車両本体の消費電力を減らすため、ライト・オーディオ・ナ

ビＴＶ・エアコン・ガラス曇り止めをオフにして、シガーソケットより接続)
・電気自動車からの給電
・太陽光発電を売電から自家使用に切替え使用（大型蓄電池とセット使用可能)
・コージェネレーションシステム（給湯自家発電システム)
・プロパンガス発電ヒートポンプ冷暖房空調システム（国からの補助金の可能性あり２０２１年)

色々とありますが、燃料は、ガソリン、軽油、灯油、重油、プロパンガス、カセットガス、太陽光、風力、ＡＣ電源などがあり、ハイブリッドで複数稼働できるものもあります。プロパンガスと灯油・軽油は保管が楽で、灯油と軽油は２００リットル未満、プロパンガスは50kg容器を６本まで（３００kg）までは制約がなく届出不要です。

ガソリン専用携行缶（赤色）は、ガソリンの運搬用であり保管用ではありません。保管用は3年保存のガソリン缶詰（1リットル缶：約１０００円）が販売されています。軽油は専用のポリタンク（緑色）で運搬でき、６か月を目安に保管でき保管量は２００リットル未満は届出不要です。

いずれにしても、点検と動作訓練がされてなければ、機械はまともに動きません。おすすめの訓練は、通電訓練です。実際に発電機の電力で電気を通して動かしてみます。

ある病院で起こった事故は、停電時に非常用発電機が作動して、患者への生命維持装置はすべて稼働したのですが、その維持状態を記録してナースセンターに伝えるインターネット経由のデータ情報に電源が供給されずに、生命低下の緊急アラートが鳴らず数名の方が犠牲になりました。

誰が悪いかではなく、初期動作確認に立ち会えば、データ通信ができないことはわかったはずで、その後も訓練していれば不都合を感じたはずなのです。訓練は命と繋がり大切です。

【図表8　通電訓練：訓練項目】

- ・潤滑オイルの残量確認と入れ方
- ・バッテリー上がりチェックと対処法
- ・燃料給油（燃料コックの小さなつまみの確認）
- ・過電流ストップ時のリセット方法
- ・自動スタートしない場合の手動スタート方法
- ・モバイルバッテリーはＰＳＥマークを確認
- ・ＵＰＳは、実際にコンセントを抜いてみてＵＰＳだけで電源供給先の機器が動くかの確認

重油や軽油、ガソリンは燃料噴射ノズル、空気弁、フィルターなどが汚れることが多くなりますが、ガス系は詰まりが少ないようです。いずれにしても2か月に一度は動かしましょう。

私が顧問したガソリンスタンドでは、毎週発電機の動作訓練を行い、その記録を残しており、ここでは給油ポンプ1台とＰＯＳシステムのレジが1台動作します。

別のガソリンスタンドでは、東日本大震災の際に用意されていた発電機に最初の1リットルの燃料がなくて、地下タンクの燃料をポンプアップできませんでした（現地で聞き取り）。そのようなスタンドは多数あったようです。

施設で生命維持に最低何ワット必要なのか？　情報連携に何ワット必要なのか確認して、それに必要な電力を確保しましょう。主な家電の電力消費量はインターネットでも公開されていますので、専門機器の消費量をメーカーに確認しておきましょう。

スタッフの過労は致命的

災害が発生すると、スタッフの自宅も被災していることが多く、家族との安否連絡や自宅の清掃災害対応もしなければなりません。さらに施設に参集して、施設のこともケアをしていかなければならないので、過労状態になってしまいます。

それでも休む間がなく仕事を続けなければなりません。積極的に上長が声掛けをしてスタッフみんなとの意思疎通をしっかりと行い、利用者様への声かけと同じようにスタッフにも声かけをできる環境をつくり、ミーティング実施で団結力を高め、災害を乗り越えていくようにしましょう。

平日や昼間、休日や午後休、昼から出勤など色々な時間に出勤できるフレキシブル勤務体制に変更して、スタッフが自分の家の片づけや罹災証明の提出など公的機関へ行けるようにして、施設長を含むスタッフ全員の平日の昼のプライベート時間をつくりましょう。

第4章　利用者様を守るためにやること

1　その場所に留まるか、避難するか、帰宅するかの判断は

正解のない決断をしなければならない

ホームの場合は地震が起こった場合、そこに留まるのが一番よい方法だと思います。しかし、火災等が起きた場合は迅速な避難が必要になり、かつ、津波が来るエリアであれば、上の階へ、または、屋上へ、別の建物へ、高台に避難します。いろいろな避難方法が考えられ、あらかじめリスクを丁寧に調べて予測を立てておかなければなりません。

水害の場合は、雨が降り続いている状態での避難はとても難しく、危険を伴います。よって早めの避難となりますが、その判断がとても難しいです。

いずれにしても避難訓練をやったことがなければ、とても難しく、避難の判断も遅れてしまいます。そして避難行動に移るときには「時、既に遅し」となることが考えられます。

老人ホームの場合は、送迎バスなどがないから、近くのバス会社、タクシー会社、福祉タクシー会社と災害協定を結んで訓練もしておきます。施設までの道路をバスが通行できるかの確認も必要です。

トイレ付きバスなら、なおよいでしょう。避難先も事前に決定しておきましょう。避難先の条件はバリアフリーとトイレの位置、広さが重要になります。一般の避難者との配置も検討対象です。

何か所か複数の避難先を検討し避難訓練を行うことが「水害リスク施設」を維持する条件となります。

東日本大震災の津波避難で、ある銀行は支店長が屋上に避難することを決意し、全員で銀行の屋上に避難しました。職員たちは、「高台に逃げましょう。走ったら1～2分ですから高台に逃げたほうが絶対いいです」と言いましたが、支店長は「マニュアルには屋上に逃げることとなっているので屋上でよい」と言い、後ほど津波が来て全員流されました。

なぜこのようなやりとりがわかったかと言うと、津波に流された職員の１人が漁船に救出されて生き残ったからです。私は現地でご遺族に会ってお話を伺いました。少しでも可能性の高いほうへ行動を変更する勇気も必要です。

東日本大震災のある病院では屋上に逃げて津波から助かった患者さんの数名が翌日までにパジャマ姿のまま寒さに耐えられず犠牲になりました。私は今でも対応策を見つけられません。

帰宅を決断する場合

ある企業では、会社の指示では「高台へ避難」でしたが、子どもを迎えに帰宅を選択した人だけが４名帰らぬ人となりました。

災害では、帰宅させたばかりに、津波や洪水の犠牲になったケースがとても多くあり、その人が安全に帰宅できるとは限らないことがわかってきました。

岩手県のある保育園では、「帰宅しない宣言」をしています。ご家族がお迎えに来ても引き渡しをしないと宣言している施設です。津波のリスクのある施設ですが、園児と自分たちで避難場所まで行く避難訓練をトコトン繰り返し、話し合いした結果のことです。

東日本大震災でお迎えに来られたご家族に引き渡し、その後「津波だー!」と園に残ったスタッフは園児を抱え裏山に避難しました。しかし、引き渡した園児は親子で犠牲になりました。このことが「帰宅しない宣言」の発想の原点になっています。

なぜ、この保育園が避難に成功したのかは、毎月の避難訓練以外に「シークレット訓練」と全く誰も知らされず、いきなり給食中とかにもやっていたことが功を奏したようです。

もちろん、すぐに帰宅したから親も子どもも助かった例も多くあります。

さて、介護事業所ではスタッフや利用者様が施設に残るからには、「安全義務」が生じます。また、デイサービスでは宿泊対応の毛布などの用意がなければ、帰宅させることを選択するしかありません。ですから、非常用毛布と断熱銀マット・エアーマットを準備しておきましょう。

寒さや冷えは床から身体にしみてきます。

水没の懸念のある施設では、別の場所への移動が必要です。

利用者様を巻き込んだ訓練でどこまでレベルを上げられるか?

スタッフ自身が帰りたい場合もあります。保育園に通う園児は親が迎えに行くのが一般的ですから、「帰りたい」というのは当然です。

どんな判断もできるように、いくつもの選択肢と準備物を整えましょう。

2　生き残った後、一番先に困るトイレ問題解決法

便器にビニール袋で対応する

災害の初動対応が一段落ついたら、必ずトイレ問題が浮上します。

まず、水が出ないから汚物が流れません。でも、出るものは出るし我慢もできないから、汚物は積もって便器の中でソフトクリームのようになってしまいます。そうなる前に、ビニール袋（45リットル）で対応しましょう。

洋式トイレの溜まっている水はそのままで、白や透明のビニール袋をかぶせて、ずれないようにテープで止めます。その上に、排泄用の黒や青のビニール袋をかぶせて二重にして用を足します。その袋の中に、高分子吸収体の粉、シュレッダーのゴミ、ちぎった新聞紙、洗濯石鹸などいれてもいいです。

用を済ませたら、汚物の入った上のビニール袋だけを大きなゴミ袋（70～90リットルの厚みのある袋）に入れて、ある程度溜まったら外の一時期置き場に置いておきます。この排泄ゴミは匂いがしますから、一時仮置き場も風向きや近隣などを気にしなければなりません。廃棄する場合は、自治体の指示に従って廃棄してください。一般ゴミで捨てると、ごみ収集車が圧縮する際に弾け飛び

ます。ダンプや平台のトラックで回収するほうがよいでしょう。

男子の小便器はそのまま使っていいのでしょうか？　配管が破損している場合は使えません。下水処理場が止まっている場合も使えません。

排泄用のゴミ袋は、数が多ければ多いほどよいわけです。1日で1人5枚とすると、3日で15枚、30名分で450枚、1施設で1000枚くらいは用意しておきましょう。1万円以下で納まります。

3　二次災害の防止処置（二次災害とは何か）

二次災害の例

地震により、調理中のてんぷら油がひっくり返り、火災になるのは二次災害です。

地震により、津波が起こる、土砂災害が起こるなど色々ありますが、危険物倉庫や薬品が流出して、薬品やけどや中毒症状になることも怖いことだと思います。

配管の復旧作業中の穴に生き埋めになることなども、脚立で高所設備を点検しているときに余震で転倒することも二次災害です。

施設内で薬品や危険物、燃料や潤滑油の流出に対する安全対策を事前に講じて、急がず安全にバルブを閉めたり、専用吸収パット、砂などをかけて処理できたりするようにしておいてください。

今まで一番の二次災害といえば、福島第一原子力発電所の津波による事故です。事前の予測と対処が現実とずれていたことが問題です。しかしながら、コストのこともあり完璧な対策はとれないものです。危険物に対するスタッフの習熟度が必要です。

新入社員が入ってきたときに一番先に教えるのは、避難口、避難経路、消火器、消火栓、通報装置、危険物対応など生命に関することから指導していくことをおすすめします。

4　この建物は使えるのかの判断はどうするか

すぐ離れるべき建物、長く住まないほうがいい建物

地震で壁に亀裂が入っている、天井板が落下したくらいでは使用できます。建築構造物を支える骨組みとなる柱が曲がっている、ねじれている、折れている、潰れているなど、次の余震で倒壊する可能性があれば使用できません。

建物の中から、外からライトで照らして確認し、ガラスが割れていたらビニールシートで修復してください。雨漏りの可能性がある部分に関しては、建築関連の人に応急補修を頼んでください。

地震後の「応急危険度判定」では、「危険」（赤紙）、「要注意」（黄紙）、「調査済」（緑紙）の３種類の判定ステッカーのいずれかを、見やすい場所に表示します。「危険」の場合は立入禁止となります。判定についての責任は判定実施主体の地方自治体にあります。

地震や液状化などでは、建物全体が傾くこともあります。傾いた建物に長く住むと、健康被害が

発生しますので、自治体や関係先と相談して別の場所を検討してください。

5　代替拠点で最低限何をやるのか？　そのための準備物は何を

代替拠点はどこでやるのか

介護施設で施設の建物が使えないとき、立ち入りできないときに、一時的な情報収集や情報連携、情報公開、指揮命令などの対策本部の役割を行う「代替拠点」を立ち上げます。警察や消防、自衛隊でも緊急で一時的な指揮命令を行う「指揮車」というのがあります。

代替拠点の例を挙げます。

・自社グループ関連施設の会議室
・施設内の別棟の部屋、上階の部屋（スタッフ用の部屋を事前に確保）
・施設長やスタッフの自宅・自宅駐車場（施設よりもリスクが低いことが条件）
・送迎車両の数台を通信指揮車として事前に装備を整えておく（洪水前に高台へ避難）
・災害協定を結んでいる相手先の拠点
・自治体や民間の貸会議室・貸部屋
・施設内の駐車場にテントやプレハブを増設
・ホテルや旅館などの宿泊施設

施設が使える場合は、代替拠点に行かなくてもよいですが、大規模災害の場合、数日から数週間は立ち入りできませんから、リスクが高いところは代替拠点を必ず用意しておきましょう。

災害対応準備物としては、次のとおりです。

【図表９　災害対応準備物】

- 発電機（ポータブル蓄電池への電源供給にも使用できる）
- 発電機の燃料（保管方法は法律を遵守）
- ポータブル蓄電池
- デバイス用のモバイルバッテリー
- カーインバーター（車両から電源供給）
（実際につなげたい機器を車両のカーインバーターに接続し動作させてみる）
（シガーソケットからの電力が足りない場合、バッテリーにブースターケーブルで接続）
- コードリール（外に置いた発電機から電源使用場所まで伸ばす）
（１台のコードリールの規格は普通15アンペアなので使用電力はそれ以下にする）
（15アンペアだと１５００ワットまでの電気機器が接続可能）
- 電源ケーブルタップ（雷サージ付き）
- ホワイトボード・ボードマジック・ガムテープ

・模造紙・A4・A3用紙・油性マジック（黒赤）
・大学ノート（手書きで記録を残す用）
・インクジェットプリンター
・携帯電話・スマートフォン（テザリング機能付き）
・固定電話を転送サービスで本社や携帯電話に転送（事前契約）
・必要に応じて、メガホン・無線機・トランシーバー・衛星電話
・災害用ノートパソコン（利用者様・スタッフ・公的機関の情報をコピー済み）
・リカバリ用のNAS-HDD（ネットワークハードディスク）
・緊急参集メンバースタッフ用の水食料・寝具
・応急手当セット（布も切れるくらいのハサミ・老眼鏡1、2、3）
・LEDランタン（充電式と乾電池式）
・トラロープ・立ち入り禁止テープ（薬品庫や危険箇所への立入りを禁止）
・ゾーニング用の色テープ（赤・黄・緑）矢印用のテープ（青）
・衛生用品一式　防護服など
・たん吸引器（手動式・足踏み式・乾電池式）
・経腸栄養剤（とろみ剤粉末・ゼリー状、リキッドタイプ・バッグタイプ）

6　発電機や車両を使っての情報収集と連携と公開

どんな情報を公開すればいいのか

情報収集内容は、利用者様とスタッフの安否確認情報と社屋の損壊情報です。また地域全体のインフラの稼働状況などを収集し、事業継続を判断します。

発電機を使って、ノートパソコンに電力を送り、テザリングしてインターネットに接続しホームページであらかじめ決めておいた「ブログ」「トピックス」「最新情報」の欄で情報公開を行います。手順書をつくってスマートフォンでもできるようにしておきましょう。

「災害で被災された皆様に心よりお見舞い申し上げます。

この度の緊急事態への弊社の対応を、このページを使って公開いたします。

・社屋の損壊情報
・インフラの停止状況
・事業継続への対応
・毎日12時、16時に更新します
・現在の緊急連絡先とメールアドレス
・利用者様のご家族でスタッフと連絡のついてない方は早急にご連絡をください！」

7　訪問介護の注意点

利用者様ご自宅の立地・建物のリスク診断

利用者様とそのご家族様が災害に対して理解が深いとは限りません。訪問先の利用者様のご自宅の転倒防止対策などできていない場合が多いと思います。

要介護者に対する防災と対策に対して、訪問して家の中に入れる介護訪問スタッフに期待が高まっています。

具体的に言いますと、「利用者様の地域のリスク（地域のハザードマップ）」を調べましょう。最低でも土砂災害と洪水・内水氾濫のリスクを確認し、2階に上がれば助かるのか？　高台、高い建物か、津波避難ビル、助かるタワー（津波など避難専用の建物）、学校・公民館などどこに避難するかを一緒に考えてあげてください。ご家族とも話し合えればなおいいです。

過去の洪水などの水害で命を失う要因は3つのケースが明らかになっています。

- 避難しないで家に留まり、家ごと流されるケース
- 避難している途中に流されるケース
- 自分で避難ができないケース（災害時要援護者）

避難せず自宅の2階にいれば、その命が助かっていた事例も多数あります（参考：一般財団法人

消防科学センター　消防防災の科学１０３号）

災害に応じて避難が必要かどうか事前に話し合う必要があります。

「逃げるか、残るか、助けを呼ぶか」それと、「近隣の避難呼びかけに素直に応じるか」

土砂災害の可能性がある場合は、山側ではなく、谷側（平地側）の2階を寝室にすることで、土砂に飲み込まれるリスクを軽減できます。気象庁から土砂災害警報または地域から避難準備情報（要援護者避難情報）が出されたら、非常持ち出しリュックを持っての早めの避難が必要です。

寝室のタンスが寝ている上に倒れないように変える

タンスは引き出しがある側に倒れることに決まっていますので、倒れても人の上に倒れなければ大丈夫です。また、タンスの引き出しが吹っ飛んで来ることもあります。タンスや家具が倒れて空気清浄機やストーブの上に覆いかぶさるのも危険です。

人が寝室から出ることができれば問題ありませんが、多くの場合、出口をふさぐような倒れ方をします。だから、一番よい方法は寝室に家具を置かないことです。

さらに、寝室から外に逃げる廊下の家具の転倒防止をしましょう。

また、このような寝室や台所・リビングの転倒防止を行うのは、介護士にとっては、全く別の仕事になります。新サービスとして別途費用で行うことも検討してよいかもしれませんし、専門会社と契約して利用者様にご紹介するのもいい方法だと思います。自治体によっては「転倒防止　補助金」「耐震診断　補助金」「耐震工事　補助金」などがあります。
または、地域で学生ボランティアを募集、大学高校生で転倒防止ボランティア隊を結成すると、学生とお年寄りのコミュニケーションにもつながり地域が強くなります。

介護訪問先の利用者様の非常持ち出し品

介護訪問先の利用者様の持ち出し品は図表10のとおりです。

【図表10　利用者様の非常持ち出し品】

- お薬手帳、現在服用中の処方箋のコピー（避難先にも持っていく）
- 名札（痴呆などで迷子になった時用）
- 服用中のお薬
- 保険証、年金手帳、介護保険証
- 身体障がい者手帳、医療書、高齢受給者証、負担割合証、国民健康保険減額認定書
- オムツ・トレーニングパンツ
- 杖（ステッキ）
- スリッパ
- 老眼鏡、眼鏡、コンタクト

・ライト
・ペン
・ペットボトル５００ミリリットルを２本
・お菓子・飴
・栄養ゼリー飲料　３袋
・栄養飲料　３本
・毛布（フリース）１枚
・入れ歯の容器（避難所用としていつも使っているものと同じ新品のケース）
・椅子になるリュック（リュックにワンタッチ折り畳み椅子がくっついている）

利用者様のご自宅の備蓄

図表11は避難所へ持って行かない備蓄です。

【図表11　利用者様の自宅の備蓄品】

・飲み水（2リットルを4本、５００ミリリットルを4本の合計10リットル）
お年寄りには、2リットルは重すぎるので、飲むときは５００ミリリットルを使う

・アルファ化米（お湯で15分、水で60分）10パック
・フリーズドライ米（お湯で3分、水で5分）アルファ化米のどちらかを10パック
・あつあつ加熱パック（使い捨てカイロと同じ仕組みでお湯にするプラスティック袋）10回分
・給水タンク（蛇口コック付き8～12リットルタンク）
・ゴムベルト（給水タンクをシルバーカーに乗せて運ぶ時のベルト）
・トイレ用ビニール袋　非常時用排便収納袋（洋式トイレにつけて使う）

最近の水で戻る非常食はアルミパックチャック式なので、そのままお椀として使え、さらにスプーンも入っています（「脱酸素剤」は必ず取り出してください）。

開封すると、お湯の注水線があり、線よりも少し多めにお湯を注ぐと「おかゆ」ができ上がります。ただし、入れすぎるとチャックが閉まらず、お湯が漏れて火傷します。

非常事態では、やかんから注ぐときにかなりの確率で容器が倒れます。何度も見ましたが、段ボールで即席につくったテーブルなどの上では必ず倒れます。開封して食べようとしたときに余震が起こり、落としてしまうこともあります。

水でも食べれるので、火傷回避のため、沸騰したお湯よりも少しぬるめのお湯で調理しましょう。

また、非常持ち出しバッグは、すぐに持ち出せる玄関近く、非常食などは、水害の影響を受けないところに見えるように保管してください。

第5章　その他

1　従業員へのお見舞金、ボランティア派遣の独自助成金制度とは

災害が起きる前に制度を決めておく

従業員へのお見舞金は、３種類あります。

①法人から出す場合
②経営者個人から出す場合
③スタッフ全員からお気持ちを集金して手渡しする場合

ここで決めておきたいことは、①法人からのお見舞いは、１親等なのか2親等までの死傷者に出すかを決めておき、金額は災害の状況によるので、その時点で決めるようにしてください。それ以外は、お気持ちなので決める必要がないと思います。

スタッフが休日を使って、他地域の災害ボランティアに参加する場合に、次のような制度があるといいでしょう。

・旅費宿泊費の助成
・ボランティア保険の助成
・ボランティア休暇制度（有給）
・休日出勤扱いにする（これは社を代表して参加する形なので報告書が必要）

全額ではなく半額助成でもいいと思いますが、何か規定があると参加しやすくなり、社会貢献ができます。参加する際は、該当地区の自治体のホームページなどで募集について確認してから参加するようにしてください。

相互支援の相手先法人が決まっている場合は、直接その施設に行って支援をしてください。手当や費用負担など必ずいくつかの問題が出てきますので、タイミングよく話し合いが必要です。法を遵守した活動が基本です。

2　整理整頓もできていない職場ですが、改善の方法は

3SK（整理整頓清掃・危機管理活動）

私は、3SK活動を推進しています。整理・整頓・清掃・危機管理の頭文字をとって3SK活動としています。これは、一過性の活動ではなく、長期間継続していく活動となります。

職場をルールに従って整理整頓し、そのルールはスタッフが話し合って決めていきます。

私の指導と指摘もありますが、慣れてきた企業はチーム企業のみで継続しています。

職場内・現場を巡回して改善箇所をほめて、指摘箇所を写真撮影します。

次回までに指摘箇所を改善して、改善のビフォー&アフターの発表をパワーポイントで行い、社内で共有し横展開（水平展開）して、同じような課題・問題を同ルールで改善していくような仕組

みをつくります。
整理とは：いるモノといらないモノに分けること
整頓とは：定位置・定量・定方向・表示・標識すること
清掃とは：ゴミなし・チリなし・ホコリなしのピカピカを保つこと
危機管理とは：予測と対処で安全性を高めること
複数（2〜4社）の企業で一緒に活動し、お互いの会社を巡回指摘するので、他社目線での指摘により企業品質が向上し、お客様、利用者様に信頼と安全・安心を提供できます。スタートは一社でも大丈夫です。

3SK活動は、スタッフのやる気アップとスタッフのコミュニケーションアップに役立ち、教育と改善がセットになっているので、「先輩に聞きやすい」、「上司に相談しやすい」環境が調います。

同時にスマイル3SKで行います。

・S：スマイル（笑顔で）
・S：信頼（仲間を信頼して）
・S：賞賛（褒め合い）
・K：感謝（互いに感謝する）

安全・快適・効率的な職場環境でスタッフも利用者様も協力業者様も「三方よし」となります。

【図表12　３ＳＫ活動（クロダハウス　石川）】

巡回指摘係と施設担当者が、施設の中（利用者様の居室以外）と外周を点検します。

チェックの用紙と○の用紙と共に写真撮影し良いところは褒めて、改善が必要な場所はチェックの紙で撮影します。文書やパソコンの中身もチェック対象です。

チェック箇所をまとめて、計画的に改善し次回までにビフォーアフターの写真と共にパワーポイントで報告する形式です。

【図表13　ビフォーアフターの報告】

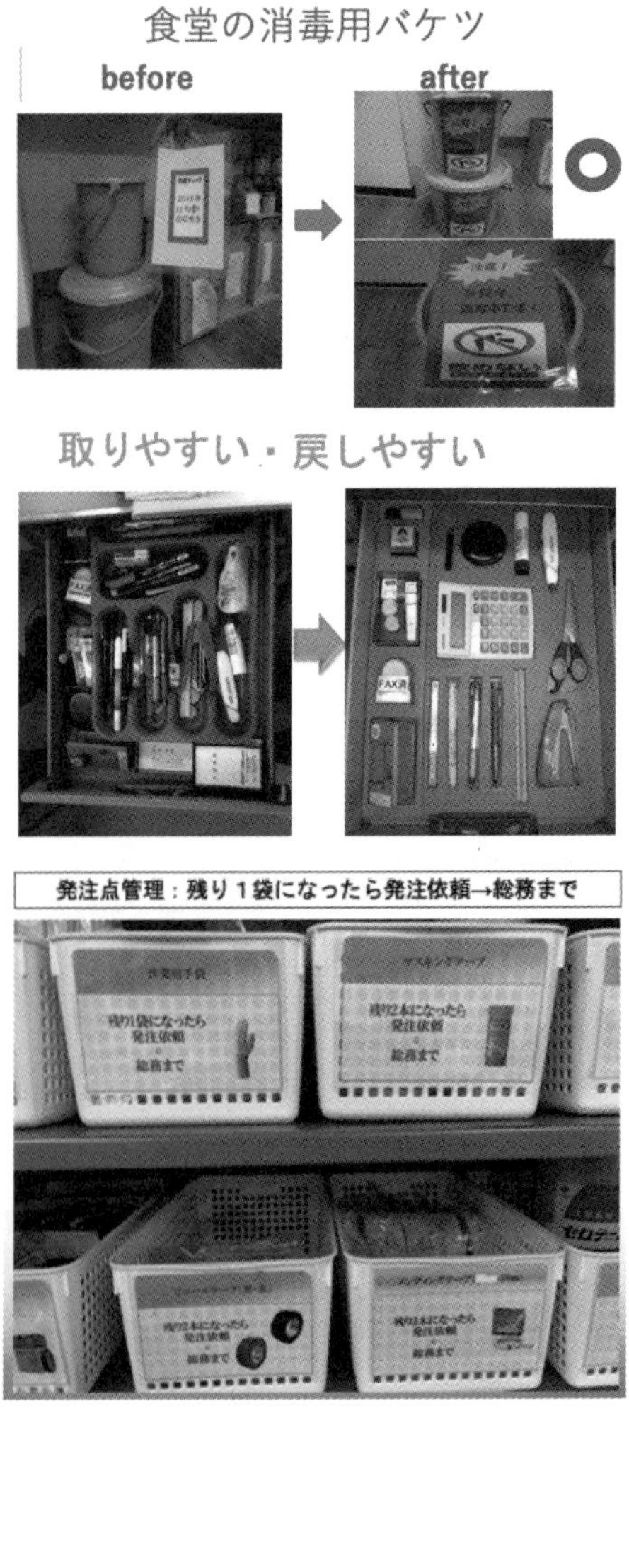

第６章　介護ＢＣＰ（事業継続計画）作成ポイント
（厚生労働省老健局編）

参考：介護施設・事業所における
自然災害発生時の業務継続

この事例計画書作成を始めるにあたって

あくまで参考事例としてください。よい事例というわけではなく、スタッフ30名くらいならこんな感じになることを想定して作成していますので、より多くの利用者様やスタッフの場合は内容や戦略が変わります。

しかし、拠点ごとの災害対応力を向上させることが一番大切です。災害は災害対応力の向上を待ってくれませんから、とにかく着手しましょう。

※必ず、厚生労働省の「介護施設・事務所における自然災害発生時の業務継続ガイドライン」をよく読んで、それに従い作成してください。わからないところがあれば、その項目を飛ばして、次の項目に進んでわかりやすい項目から着手してください。

1　必ず推進メンバーと経営者と話し合いながら作成してください。

2　コピー＆ペーストのように丸写しをしないでください。

3　考えて行動することが重要です。

4　ハザードマップは毎年確認して、図表を入れてください。

5　重要部分はＡ４やＡ３にポスターのような形式で掲示してください。

6　訓練はできるだけ多くの人に参加いただき、シフト都合で参加できない人も回を分けて年２回参加できるように工夫してください。

7　机上訓練のやり方がわからない場合の「想像型セリフ訓練」。

・災害を決める(例:直下型地震→停電→水道停止)。

・施設長が「床に伏せてください」その後Aさんは、どう行動しますか?

・「Aは、食事中の利用者様の安全を確保するために体に覆い被さります」Bさんは?

・「Bは、食堂なので、厨房の中を確認して火災確認をします」Cさんは?

・「Cは、入浴介助中なので、真っ暗になりましたから、大声でEさんにライトを持ってきてもらい、利用者様をバスタオルで拭きます」Eさんは?

・「Eは、事務所の入り口にかかっているライトを持ってバスルームへ行きます」Dさんは?

・「Dは、各居室を確認しに行きます。」施設長は?

・「私は、生命維持関連の継続が重要な方を優先するようDさんに指示します」

・「Dは、Aさんを誘って、該当する利用者様４名を手分けして確認します」

・「Aは、確認後、手動たん吸引装置を該当者の部屋に持参しいつでも実施できるようにします」……のように続けて、詰まったところでディスカッションして継続します。

6　ＢＣＰは、全員に配布する部分、管理者だけが持つ部分、利用者様にお渡しする分など分けて部分的にホームページで公開することも検討してください。

7　新型コロナウイルス対応のＢＣＰについては、「介護BCPコロナ編ガイドライン」を参照してください。

介護施設・事業所における
自然災害発生時の業務継続計画

法人名		種別	○○
代表者	○○　○○	管理者	○○　○○
所在地	○○　○○	電話番号	○○　○○

目次

(8)必要品の備蓄
①在庫量・必要量の確認
(9)資金手当て
3. 緊急時の対応
(1)BCP発動基準
(2)行動基準
(3)対応体制
(4)対応拠点
(5)安否確認
①利用者の安否確認
②職員の安否確認
(6)職員の参集基準
(7)施設内外での避難場所・避難方法
(8)重要業務の継続
(9)職員の管理
①休憩・宿泊場所
②勤務シフト
(10)復旧対応
①破損個所の確認
②業者連絡先一覧の整備
③情報発信(関係機関、地域、マスコミ等への説明・公表・取材対応)
4. 他施設との連携
(1)連携体制の構築
①連携先との協議
②連携協定書の締結
③地域のネットワーク等の構築・参画
(2)連携対応
①事前準備
②入所者・利用者情報の整理
③共同訓練
5. 地域との連携
(1)被災時の職員の派遣
(災害福祉支援ネットワークへの参画や災害派遣福祉チームへの職員登録)
①福祉避難所の指定
(2)福祉避難所の運営
②福祉避難所開設の事前準備
6. サービス別の固有事例
①通所サービスの固有事例
②訪問サービスの固有事例

1. 総論

（1） **基本方針**

施設・事業所としての災害対策に関する基本方針を記載する。

スタッフを第一と考え、その健康と安全の上に、利用者様の安全安心があると考え、施設と自宅（利用者様の自宅）の両方の防災に日頃から努める
１、 スタッフ自身の安全確保と利用者様の安全確保を同時に行う
（避難が必要な場合は迷ったら行う）
２、 生命の維持に必要なサ ビスの提供を行う（継続）
３、 支援と受援の両方を迅速に行う（受援：支援してもらう・助けてもらう）
できる限り地域に開放し協力する（地域貢献）

▼法人としての理念

「三方よし」の理念：スタッフ、協力者、地域の「三方よし」を維持継続。

※一般的には、３日間を乗り切れることができれば、外部からの何らかの支援を受けることができると想定されて、『３日間の初動対応が重要』となる。

（2） **推進体制（２０２１年版ＢＣＰ策定メンバー）**

ここでは平常時における災害対策や事業継続の検討・策定や各種取組を推進する体制を記載する

災害時の主な役割	部署・役職	氏名	補足
本部長：全体認識と決断	理事長	○○ ○○	経営 法的なことを理解
情報を集めて、指示をする	施設長	○○ ○○	施設の維持管理 建物のことを理解
情報を共有して指示を出す	事務長	○○ ○○	経理総務の管理 データのことを理解
利用者様に対してのケア	主任看護師	○○ ○○	現場と管理職の橋渡し 業務の全体を理解
利用者様に対しての具体的対応	主任介護士	○○ ○○	現場と管理職の橋渡し 業務の全体を理解
手分けして、対応業務を推進	リーダー	○○ ○○	業務リーダー 専門的な業務を理解
リーダーをサポートしながら対応を実施	スタッフ	○○ ○○	業務実施者 データ入力者 IT に強い

（3） **リスクの把握**

①ハザードマップなどの確認

施設・事業所が所在するハザードマップ等を掲載する。

プリントスクリーン・スクリーンショット、PDF 保管、JPG などを用いて地図の添付、可能性のある災害についてのマップは必ず挿入してください

②被災想定

大きな被害が予想される災害について、自治体が公表する被災想定を整理して記載する。

【自治体公表の被災想定】

〇〇介護老人ホーム
住所：〇〇県〇〇市〇〇町〇〇番地
人数：利用者様　２９名　常駐スタッフ１８名　非常勤２名　委託２名
建物：鉄筋コンクリート４階建、屋上あり
大雨や地震により、洪水や崖崩れ、土石流、地すべりなどの災害リスクがある
標高：２３m
津波：海岸から約２０km 離れているため津波のリスクはない
土石流：土石流危険渓流
崖崩れ：急傾斜地の崩壊警戒区域
洪水：想定される浸水深：５m～１０m(想定最大規模)＜外部避難場所準備＞
ため池：〇〇池決壊で２０分後に５０cm 浸水
地震：震度６弱
原子力発電所：２００km 以上離れている
液状化：PL 値５～１５（中程度）

交通被害
道路：崖崩れや土石流で通行止め
橋梁：通行止め
鉄道：通行止め、強風などでも日頃からよく遅延している

ライフライン
上水：１週間程度の断水を覚悟
下水：１日停止の後、自治体の発表を確認
電気：３日間の停止は覚悟
ガス：LP ガス在庫（常に半分以上あり）
通信：電話は当日は輻輳により不通、翌日より時々通信可能

	直後	１日後	４日後	１週間後
電気（停電率）	１００％	８２％	３１％	１０％
上水道（断水率）	９０％	８４％	７４％	５２％
下水道（支障率）	５０％	４３％	３２％	３０％
電話（不通率）	５０％	２０％	１７％	１２％

【自施設で想定される影響】

自治体発表の被災想定から自施設の設備等を勘案のうえ記載する。

また、時系列で整理することを推奨する「県名または自治体名　被害想定」で Web サイト検索。

		当日	２日目	３日目	４日目	５日目	６日目	７日目	８日目	９日目
非常電力	バッテリー	作動	作動	作動	作動					
	発電機	作動	作動							
	カーインバーター	作動	作動							
電力		停止	停止	停止	復旧					
ＥＶ		停止	停止	停止	復旧					
飲料水		備蓄 貯水槽	備蓄 貯水槽	備蓄 貯水槽	備蓄 貯水槽	備蓄 貯水槽	備蓄 貯水槽	復旧		
生活用水		貯水槽	貯水槽	給水車	給水車	給水車	給水車	復旧		
LPガス		在庫	在庫	在庫	在庫	在庫	在庫	調達		
携帯電話		不通	時々	復旧						
固定電話		不通	時々	復旧						
メール		遅延	復旧							
SNSトーク		可能								
入浴設備		不能	不能	不能	不能	不能	不能	不能	不能	復旧
調理場		不能	不能	不能	一部	一部	一部	一部	復旧	

（４）優先業務の選定

①優先する事業

人命第一を考え、２４時間体制の業務の優先度をあげて、日中の事業の優先度を下げている。

優先にあたって、スタッフの自宅からの距離なども考慮して緊急時勤務配置転換を考察する。

ただし、優先順位に関わらず被災の少ない事業所は事業継続し人員の配置に協力する。

A：停止させない事業
B：早めに再開する事業
C：休止する事業

区分	判定	名称	住所	スタッフ数
入所介護支援事業	AA		○○市○○町	○○
入所介護支援事業	A		○○郡○○町	
入所介護支援事業	A		○○県○○町	
高齢者向け住宅事業	A		○○市○○町	
高齢者向け住宅事業	A		○○郡○○町	
高齢者向け住宅事業	A		○○県○○町	
医療法人事業	AAA		○○市○○町	
医療法人事業	A		○○郡○○町	
居宅介護支援（２４時間体制）	A		○○県○○町	
訪問介護・看護事業	B		○○市○○町	
通所サービス事業	B		○○郡○○町	
通所サービス事業	B		○○県○○町	
通所サービス事業	B		○○市○○町	
介護給食センター	CC		○○郡○○町	
人材紹介事業	C		○○県○○町	
福祉用具レンタル・リース	C		○○市○○町	
住宅改修工事（バリアフリー工事）	C		○○市○○町	

②優先する業務（サービス）

入所介護支援事業（A）２９名の利用者

<table>
<tr><th rowspan="2">優先業務</th><th colspan="4">必要な職員数</th></tr>
<tr><th>朝</th><th>昼</th><th>夕</th><th>夜間</th></tr>
<tr><td>生命維持（酸素療法・たん吸引・カテーテル・胃ろう・寝返り介助など）</td><td>２人</td><td>３人</td><td>２人</td><td rowspan="2">２人</td></tr>
<tr><td>排泄・排泄介助</td><td rowspan="5">８人</td><td rowspan="5">１０人</td><td rowspan="5">８人</td></tr>
<tr><td>飲料・非常食介助・栄養補助食品</td><td>０人</td></tr>
<tr><td>薬の服用</td><td>０人</td></tr>
<tr><td>清拭・褥瘡のケア</td><td>０人</td></tr>
<tr><td>口腔ケア・洗面</td><td>０人</td></tr>
</table>

一時停止業務
（１）イベント・レクリエーション・余暇活動
（２）リハビリーテーション・機能訓練
（３）訪問理美容サービス

（５）研修・訓練の実施、ＢＣＰの検証・見直し

①研修・訓練の実施

・訓練の目的：いざという時に「**慌てない心**」を養い、利用者様の安全な状態を確保する。

・訓練の種類：垂直避難、火災避難、避難先へ避難、BCP 机上訓練、安否確認、非常食訓練、読み合わせ訓練（文書確認）啓発研修など、一回の訓練で、いくつかの訓練を組み合わせて行い、難易度を上げましょう。

・避難訓練は昼間スタッフ・夜間スタッフメンバーの両方で実施するバージョンを行い、メンバーを入れ替えて行いましょう。
　スタッフで歩行難易度の高い利用者様役を演じて行うことも大切であり、スタッフが訓練をしているところを利用者様に見てもらうのも啓発になります。慣れてきたら、利用者様にも積極的に参加してもらい訓練しましょう。
　訓練なくして実践なし！

訓練項目	内容	回数
火災訓練	初期消火・１１９番通報・屋外避難・誘導訓練・点呼、応急手当・搬送・AED	２

	警報機鳴動（めいどう）訓練　消火栓ホースによる放水訓練	
地震訓練	安全確保・集合点呼・火災がないかの点検・情報収集（震源地・津波情報）断水確認・水の確保・貯水槽バルブチェック・災害用ビニール式トイレセット	1
※垂直避難　階段昇降	通電状態で上階へ避難 停電状態で上階へ避難 （必要ならば、高台・津波避難ビル・津波避難専用タスカルタワーへ避難）	1
非常持ち出し	パソコンやカルテ、防災リュックなど上階へ運ぶ訓練、外に持ち出し車に積み込む訓練	2
安否確認	スタッフ全員・利用者様関係者・協力業者	4 毎シーズン
設備動作訓練	警報機・放送機・通報機・避難器具・消火栓・ガス元栓・ガス復旧・発電機操作	1
ＢＣＰ机上訓練 〈読み合わせ訓練〉	文書を確認しながら読み合わせ、現状とのズレがないかの確認	2
ＢＣＰ机上訓練 〈シナリオ訓練〉	・状況とセリフをあらかじめ決め実施 ・シナリオ情報に基づき決断・指示を実施 ・他拠点・協力業者・利用者家族との情報収集・情報共有・情報公開訓練	1
ＢＣＰ机上訓練 〈啓発研修〉	・ＢＣＰの考え方と大切さを学ぶ ・設問式研修（設問に対して予測と対処）	1

訓練計画書の作成
訓練参加者アンケートの実施
アンケートの集計と課題の抽出、課題の改善をＢＣＰ改善計画に記入し実行する
次回の訓練と実際の災害に活かせるように継続する＊

＊訓練が一過性で終わらず、継続して実施することを担保する

②ＢＣＰの検証・見直し
評価プロセス（ＢＣＰ委員会で協議し、責任者が承認するなど）や定期的に取組の評価と改善を行うことを記載する。

スローガン：
ＢＣＰ文書が現状とズレがないように修正加筆・更新を行い「魂」の入ったＢＣＰ事業継続計画となるよう努め、一致団結して緊急事態を乗り越えます。

（１）ＢＣＰ文書の点検
（人事異動・メンバー・利用者様の変化などＢＣＰ委員会で会議を開かなくても修正加筆できる内容の更新）
ＢＣＰ策定メンバーで更新確認を各スタッフに指示し、点検内容を記録する。

人事・組織の変更の更新	年１回
災害による規制緩和情報の収集	災害の都度
重要なデータや文書のバックアップを実施しているか確認	年１回
社内 IT システム通信技術の変更・更新	変更時点
関係先の増減、人事異動により、電話番号やメールの更新	年１回
建物・設備の増減に対する更新	更新時期
自社拠点の増減、移転	その時点
車両の変更・増減	その時点
スタッフの家族構成・住所の確認　緊急連絡先	年１回

（２）ＢＣＰ文書の改善
ＢＣＰ策定メンバーと各スタッフで検討し改善内容と改善計画を記録する。
※印については確実に改善計画を作成し進捗を管理する。

被害想定の更新（ハザードマップ最新）	年１回
重要業務の見直し	災害発生後
※ 災害備品や備蓄品の日付と内容更新	年１回
※ 防災訓練のアンケート結果を踏まえた課題の抽出と改善	訓練後
※ BCP 机上訓練のアンケート結果を踏まえた各対策の改善	訓練後
関連企業との連携戦略の更新	年１回
感染症対策の見直し更新・記録簿の更新	その時点
地域貢献・地域連携の確認	年１回

2. 平常時の対応

（1） 建物・設備の安全対策

①耐震措置

場所	対応策	実施予定時期
建物の築年数	１９８１年(昭和５６年６月)より古い建物は新耐震基準以前の建物なので、耐震診断と耐震工事が必要	補助金の確認
耐震補強工事	外壁を補強する工事で住みながら工事ができる外から耐震補強	見積もり
	土台・柱・梁・すじかいの補強をする従来工法	見積もり
自家発電設備	＜コージェネレーションシステム＞ ＜プロパンガス発電ヒートポンプ冷暖房空調システム＞ 今は導入してないが前向きに検討したい 自家発電電源で稼働させるものと稼働させないものの分け方を考察する	補助金の確認
貯水槽	紫外線で劣化した FRP は地震で損壊の恐れがあるから FRP からステンレス製へ変更 貯水量を確認し何人分の生活ができるか確認しておく　災害用給水蛇口新設	長期計画
建物のブロック塀	ブロック塀からアルミ柵へ変更	急ぎ（敷地外側に倒れる危険あり）
エレベーター	閉じ込めの可能性があるので 閉じ込めセットを購入	急ぎ（閉じ込めでトイレが我慢できない）
	地震時、停電時、自動で最寄り階に停止しドアが開くタイプに更新	中期計画
看板	看板を高所から低い位置へ変更	急ぎ（敷地外側に倒れる危険あり）
入り口ガラスドア	飛散防止フィルムを貼る	○○年○○月
居室ガラス	飛散防止フィルムを貼る	○○年○○月
バスルームガラス	飛散防止フィルムを貼る	○○年○○月
共用部ガラス	飛散防止フィルムを貼る	○○年○○月
消火スプレー	電気火災・普通火災・天ぷら火災・ストーブ火災の４種類対応を設置 利用者様居室のドア付近の壁に設置	事務室・利用者様居室 脱衣場・洗濯室に設置 ○○年○○月
自動ドア	自動ドアの戸袋部分に防護柵設置	○○年○○月
窓口カウンター	飛散防止フィルムを貼る	○○年○○月

ゲタ箱	壁にアングルで固定	○○年○○月
靴履き用の椅子	コロつき回転式から固定式へ変更	○○年○○月
金魚水槽	撤去するか、「水槽の地震対策」を考える	○○年○○月
テレビ	台座をなくし壁に固定式へ変更	○○年○○月
冷蔵庫	後ろで壁にベルト固定	○○年○○月
洗濯機	ズレると蛇口が抜けて水害になる ベルトで後ろの壁に固定	○○年○○月
	洗濯機用ニップルストッパー付き水栓に変更（ホースが外れても水流が自動停止） ２０００～３０００円	１２月までに交換
乾燥機	ベルトで後ろの壁に固定	○○年○○月
メタルラック スチールラック	壁が石膏ボードの場合厚ベニヤで補強してパイプ固定金具で固定 ラック同士もベルトやボルトで固定	○○年○○月
自動給茶機	ズレると蛇口が抜けて水害になる バックルベルトで後ろの壁に上下を固定し専用止水栓の位置を確認し表示	○○年○○月
電子レンジ	電子レンジ専用ストッパーで固定 背面を１０cm 以上空ける	○○年○○月
オーブン トースター	耐熱ラッシングベルトで固定 電子レンジの上に置かない 小型冷蔵庫の上に置かない	○○年○○月
おしぼり ウォーマー	耐熱ラッシングベルトで固定	○○年○○月
絵画・賞状額縁	不要なものは外す 画鋲からヒートンへ変更	○○年○○月
タイムカード	耐震マットで固定	○○年○○月
デスクトップ PC	ノート PC とタブレット端末へ変更	○○年○○月
キャビネット	上下を固定し壁にＬ字金具で固定	○○年○○月
ロッカー	壁にアングルで固定	○○年○○月
キャビネットの上	１８０cm 以上のロッカーやキャビネットの天板に物を載せないルールに変更	即時 定期点検
カラーボックス	３段以上のものは、転倒防止ストッパーを下に敷いて、粘着テープ式ストッパーで壁に固定	○○年○○月
非常階段	踊り場にあった資材を撤去	○○年○○月
エアコン室外機	転倒防止用アングルで固定	○○年○○月
物置	水害用に台座で上げて アンカーで固定	○○年○○月
掃除用具	全て吊り下げ式に変更	○○年○○月
電話	テレホンアームスタンドに設置 落下防止のために使用しますが、高す	○○年○○月

	ぎると使いにくいです	
カーテン	防炎カーテンに全て変更 目隠しで使っている小さな布も防炎でないものは外す	○○年○○月
コピー複合機	元々ついているストッパーで床に固定 複合機専用ストッパーを設置	即時 購入検討
ナースコール	バッテリー搭載か確認し、なければUPSが接続可能か確認	○○年○○月
監視カメラ モニター	モニターは壁に専用金具で固定 録画機本体は耐震マットで固定	○○年○○月
電話	主装置にバッテリー搭載か確認しなければUPSが接続可能か確認	即時 ○○年○○月
光回線ターミナルアダプター一式	高所に棚を作成し、網カゴの中に熱がこもらないように配置	○○年○○月
Wi-Fi	全て壁に直接固定し落下防止	○○年○○月
LANケーブル	5G対応に全て変更	○○年○○月
スイッチングハブ	5G対応に全て変更	○○年○○月
サーキュレーター	耐震用バックルベルトで固定	○○年○○月
コップ置きカゴ	カゴをおく場所にぴったりサイズの木枠を固定しその中にカゴをおく	○○年○○月
マグネットボタン	異物混入・誤飲防止 マグネットボタン直径3cm未満は廃棄し、マグネットバーへ変更　青色の食品がないから3cm以上の青色ボタンはOK	○○年○○月
自動販売機	設置メーカーに転倒防止を依頼	○○年○○月
蛍光灯	落下しても破裂しないタイプのLED照明へ交換	○○年○○月
ゴミステーション	鍵つき物置ロッカーへ変更	○○年○○月
液体容器	除菌スプレー、消毒用スプレー、石鹸水、水スプレーなどあらゆるものに2面表示（裏と表） 施設内のスプレーは、同じ種類は同じ色のボトルに統一	○○年○○月 定期的に確認
キッチンハイター 洗濯ブリーチ	誤飲防止として利用者様の入らない部屋に保管	○○年○○月
利用者様 入浴・洗濯セット	感染防止対策として、リンス・シャンプー・石鹸・洗剤柔軟剤のカゴを蓋つき容器に変更	○○年○○月
キッチンのホワイトボードのペン	外したキャップの異物混入を防ぐためキャップ式からノック式へ変更	○○年○○月
電気ストーブ	電気ストーブ敷地内全面禁止	○○年○○月
キッチン専用更衣室	調理スタッフが外部スタッフなので感染防止のため更衣室を作る	○○年○○月
LEDランタン	夜間のトイレ用に電池式LEDランタンを非常用として複数購入	○○年○○月

②設備の点検

対象	対応策	確認の時期
鍵	鍵の名称、鍵のプレート、個数が揃っているか確認間違って持ち帰る鍵には、ぬいぐるみなどをつけてポケットにはいらない大きさにする	年１回
非常口	非常時に開くか　不要物で塞いでないか 倒れてくるキャビネットやラックはないか 外に出たところの上部の窓ガラスが割れたりしないか つららが落ちてこないか	年１回
非常階段	物が置かれてないか 通路が確保されているか	月１回
防火ドア	防火ドア防火シャッターの開閉がスムーズか 正常な状態「常時閉」を維持できているか	月１回
通路	通路は負傷者を搬送できる幅があるか（80cm 以上・設備間 120cm 以上）	月１回
エレベーター	停電時の動作、地震発生時の動作を認識しているか	年１回
非常灯	予定では停電時に３０分点灯 バッテリーを緑ランプと点検スイッチで点検	年１回
誘導灯	予定では停電時に２０分点灯 バッテリーを緑ランプと点検スイッチで点検	年１回
救急箱	傷口洗浄用として飲料保存水とセットにして置いて落下しないように置き方を工夫する 湿潤手当用にラップを追加	年１回
火災報知器	法定点検を実施　報知器の周囲に空間があるか	年１回
受信機設備	受信機が一眼でわかるように配置され、無関係の物や紙が貼られていないか　警戒状態になっているか	年１回
スプリンクラー	水の制御停止バルブの位置確認 地震が発生してスプリンクラーヘッドに接触物があると放水を開始するので不要物を撤去	年１回
緊急火災通報電話	見える位置か、全員に周知しているか	年１回
消火器	強化液消火器に変更し、かがまなくても取れる高さにフックで固定（転倒防止）	年１回 全員に周知

	または、壁収納式のドアつきに変更 錆びていないか確認　使用期限確認	
消火スプレー	設置位置と使用期限を確認	年１回 全員に周知
排煙窓	排煙窓の開放スイッチを動作させ実際に開放し元の状態に閉める	年１回 全員に周知
消火栓	ホースの長さが長すぎる場合は、２本のうち、１本を外して巻いて置く 不要物が置かれていないか　開けやすいか確認	順番に訓練に使用 年１回
消火ポンプ	設置場所　予備水槽の水位 電源が ON になっているか確認 非常用バッテリーの電源	年１回
消火水槽	貯水量と位置を確認	年１回
消防隊連結送水管	外部よりの連結送水管の周辺が消防隊の使用に支障がないか	年１回
消防隊侵入口	消防隊侵入口の▼のマークの周辺が外から突入できる状態を維持しているか確認	年１回
AED	AED の位置が分かりやすい場所か 利用者様がいたずらに触らない場所か 転倒しないか　バッテリー残量の確認	年１回
貯水槽バルブ	配水管の破損でせっかくの飲料水が漏水しないように地震の後はバルブを閉める	年１回
湧水槽ポンプ	湧水槽のポンプが動作しているか 水位限度を超えていないか	年１回
汚水槽ポンプ	汚水槽のポンプが動作しているか 水位限度を超えていないか	年１回
トイレ浄化槽	ばっ気ポンプの点検　異音をチェック	年１回
電気配線	直径１５cm 以上のループ型にして吊り下げて床やデスク周りをスッキリ	全員に周知
電源延長タップ	雷サージ機能対応のマグネット付き、または吊り下げ式に変更し、床に直置きにしないルール	全員に周知
電気コード	コードが途中でビニールテープなどで継いでいないか（専用の器具で延長）	年１回
	玄関（出入り口）マットの下をコードが通っていないか、経年劣化で発火の危険	年１回
	電気タップのすぐ近くに紙類を置いていないか・コードの上に書類を置いていないか	毎日
	コードを机・椅子・機材で踏んでいないか	毎日
コンセント	水場・洗い場・シンクのすぐ近くのコンセントが濡れないようになっているか	毎日
ブレーカー	ブレーカーのエリア表示・設備表示は大	年１回

	きく書かれているか　薄くなってないか	
ナースコール	送受信確認　受信機本体とアンテナ装置のUPS接続とバッテリー残量の確認	年１回
電話主装置	ほこりや配線、放熱性、装置の上にマニュアルやファイルを載せていないか確認	熱がこもらないように 年１回
電線	引込み電線と植え込みが接触していないか 台風で木が倒れて断線にならない位置か	年２回
デスクトップPC サーバー	パソコンのファン・排気口が壁や机に接触して吸排気を妨げていないか サーバー間の隙間があるか確認	年２回
コンロ	コンロから１５cm以内の可燃物除去 布巾を干す場所をコンロから離す	全員に周知 月１回
エアコン室外機	雑草や木が換気の邪魔をしていないか	年２回
エアコン	定期的にフィルター清掃しているか ２年に一度は専門業者による内部洗浄を実施	
洗濯機	蛇口に緩みがないか、排水溝の詰まり確認 ゴミ取りフィルターは毎回清掃	月１回
衣類乾燥機	乾燥毎のフィルター清掃	毎日
扇風機	扇風機のカバーや羽・後ろのモーター部分が破損していないか	設置時
電子レンジ	電子レンジの背面空間を１０cm 以上確認 電子レンジの近くにスプレー缶を置いていないか、温度上昇で火災の危険	年２回 月１回
	電子レンジの中の上面も横面も下面も清掃されているか（内部火災の危険）	月１回
暖房器具	デスク足元のヒーターのコードを椅子や机で踏まないように、ねじれないように確認	使用時は毎日確認
排水溝	排水溝の詰まりがないか（大雨台風対策）	全員に周知
屋上排水溝	排水溝の詰まりがないか（大雨台風対策）	全員に周知
電灯	建物外周・室内・倉庫の電灯破損がないか確認	月１回
ゴミステーション	置き方、捨て方のルール、段ボールの捨て方のルールが守られているか	月１回
電池の廃棄	ボタン電池はテープで挟む 普通の電池は何本かをテープで束ねてプラスとマイナス電極部分にもテープを貼る	火災の原因の自然発火防止 毎回
ガス配管	配管に損傷や焦げがないか確認	年１回
ガスの元栓	位置を確認　停止（閉）の向きを表示	全員に周知

電気湯沸ポット	ポットの上に布巾を載せていないか	月１回
アース線	洗濯機や冷蔵庫などアース線に繋ぐべきものは繋いでいるか確認	月１回
排気ダクト 換気扇	フィルターの交換 換気口格子を外しての清掃 換気扇の中のモーターに異音がないか、定期的な清掃ができているか確認	月１回
利用者様電気毛布 利用者様電気カーペット	コードのねじれ、破損がないか確認	月１回

※設備等に関しては、定期的な日常点検を実施する。

③風水害対策

対象	対応策	計画
ゴミ置き場の固定	ふたや箱が飛んで行かないようにロープで固定	事前実施
樹木の伐採	暴風で倒壊しない高さに伐採	定期的
自転車のロープ固定	バイクや自転車をロープ固定	事前実施
小物	建物の中に避難させる	事前実施
水のう 室外は土嚢で良い	ビニール製ゴミ袋４５Ｌを二重にして水を半分くらい入れて使用 トイレ便器、風呂、洗い場、洗濯機	事前実施
排水溝	外回り、屋上の排水溝清掃	事前確認 年１回
シャッター	戸締り 設置	事前実施 ○○年○○月
防水扉	閉鎖 設置	事前実施 ○○年○○月
LP ガス	流出防止チェーンを開口部に通す 転倒防止用上下ダブルチェーン	事前確認 ○○年○○月
LP ガス配管	配管チューブに痛みがないか確認	年１回
雨水配管	逆流防止弁	○○年○○月
汚水配管	逆流防止弁と汚水貯留タンク設置で 汚水の逆流を防止する	○○年○○月
雨どい	雨どいの破損と目詰まり泥の排出	年１回
エアコン室外機	エアコンの台座を高めに設置固定 雪害を考慮した高さ	○○年○○月
屋根	破損確認	年１回
外壁	破損確認	年１回
窓	破損確認	年１回
換気扇	外側のフードの隙間やネジの緩みはないか確認	年１回

（２） 電気が止まった場合の対策

①被災時に稼動させるべき設備と自家発電機もしくは代替策を記載する。

稼働させるべき設備	自家発電機もしくは代替策
インターネット パソコン関係一式	UPS に接続　UPS が切れる前に発電機から電源供給
医療機器	静音可搬式インバーター発電機 LP ガス燃料 ２０００VA 給湯キッチン用のガスボンベをつなぎ変えて使用（調整器が必要）
たん吸引	たん吸引器（手動式・足踏み式・電池式）
酸素濃縮機 人工呼吸器	酸素ボンベで対応　予備ボンベの本数確認 酸素流量計付減圧弁の準備が必要
ナースコール	（今のところなし）スタッフによる声かけ
固定電話	（今のところなし）携帯電話・スマホで対応
業務用エアコン埋込み式	（今のところ動かせない） 車両のカーインバーターで扇風機を稼働 冬は石油ストーブ長期保存用灯油（品質保証３年）で対応
家庭用エアコン 通常のコンセントタイプ	発電機で稼働させ、ドアを開け扇風機で空気を循環
冷凍冷蔵庫	車両のカーインバーターからリールコードで延長して一部の冷蔵庫を稼働
照明	（今のところなし） 電池式ランタンとハンディーライト
モバイル端末 スマートフォン	ポータブル蓄電池・LPG 発電機・カーインバーターから電源供給

（３）ガスが止まった場合の対策

被災時に稼動させるべき設備と代替策を記載する。

稼働させるべき設備	代替策
都市ガス停止の場合	一時的に LPG への転換を計画
LPG が止まったときの対応（復旧まで長時間（１か月以上）要する可能性あり）	契約先が持ってきてくれない場合は、手分けして社用車で購入しに行く　１台に対して LPG１０kg を２本
炊飯調理 お風呂用のお湯	カセットコンロでの対応　コンロ２台を備蓄 後はスタッフの自宅、利用者様の自宅からの持ちより カセットガスは６４本の備蓄（液化ガスの使用

	期限ではなく容器の使用期限に依存するので、温度・湿度管理が必要) ※カセットコンロは火力が弱く大量の料理は難しい
	石油ストーブでの対応（燃料の保管が課題) 石油の缶詰１８リットル 灯油の調達先を１箇所ではなく、５社以上リスト化する
	薪ストーブでの調理 災害後に注文（取扱店をリスト化しておく）
	LPG 炊飯器（事前に備蓄品として準備・炊飯訓練)
	自宅から電気炊飯器の持ち寄りで、発電機からの電力供給で炊飯（１０００wh 以上の電力なので確認が必要) 複数台の炊飯器を同時接続する場合、過電流になるので発電機が自動停止します
介護入浴	入浴車両の手配

（４）水道が止まった場合の対策

被災時に必要となる飲料水および生活用水の確保を記載する 。

①飲料水

１階の貯水槽または高架水槽の飲料水で対応、貯水槽（〇〇トン）に災害用の蛇口を新設 蛇口から綺麗なホースをキッチンまで伸ばす（ホースの備蓄〇〇m） 地下の貯水槽の飲料水で対応、貯水槽に災害用の蛇口を設置 水中ポンプで汲み上げ（水中ポンプの備蓄） 折りたたみタンク１０リットル×６

※一般成人が１日に必要とする飲料水は 1.5～3.0ℓ。

②生活用水（入浴・キッチン・洗濯）

・入浴については、シャワー入浴をやめ、清拭に切り替え清潔に保つ（ウェットタオル・飲料水使用・お湯) ・清拭は、災害時とはいえマッサージするように丁寧に行い血行を改善させ「エコノミークラス症候群」を防ぎます ・入浴車の手配を行う（事前にリストアップ） ・調理は、非常食・食事に飲料水を使用し、食器を洗わなくて良いように使い捨て紙皿や紙コップを使う　また、ラップを食器に敷いて使いラップのみを交換する（ラップは多めの備蓄）箸やフォーク、スプーンは除菌ペーパーで拭いて使う ・介護給食弁当の手配を行う（事前にリストアップ） ・洗濯は一旦停止、外部クリーニング業社への依頼を検討（事前にリストアップ) ※井戸使用（近隣の井戸をリストアップ）※間違っても飲用しないこと

＊貯水槽を活用する場合は容量を記載ポリタンクを準備する場合は容量と本数を記載。

（５）通信が麻痺した場合の対策

被災時に施設内で実際に使用できる方法(携帯メール)などについて、使用可能台数、バッテリー容量や使用方法等を記載する。

支給スマートホン　○○台 個人スマートホン　○○台 災害用 IP 無線機　○○台 タブレット　○○台 ノートパソコン　○○台 充電方法： UPS・ポータブル蓄電池278,400mA・モバイルバッテリー○○台・LPG 発電機 2000VA・カーインバーターから電源供給 ※IP 無線機を１台持ってスマホ通信ができるところまで車で移動し、外部に対してスマホを使って緊急連絡を行う 施設とのやりとりは IP 無線機または衛生電話※を使い、１回線同士で行い、中継点として情報通信の「役割」を果たす 役割：ホームページでの被災状況公開・施設との連絡・利用者様ご家族への連絡・緊急連絡先・支援先への連絡・メール配信・SOS 信号発進など （SNS／SNS トーク／メール／zoom／Web 会議システム／電話／伝言ダイヤル） ※衛生電話（施設と避難先がつながりやすい場所かどうか、アンテナの向きをどうすれば繋がりやすいか導入テスト期間に確認）

（６）システムが停止した場合の対策

＜サーバーの安全停止＞ 停電で自動的に UPS から停止信号を受信し、サーバーは安全に停止します モバイル端末やタブレットがサーバーへ繋がらないことを焦らず情報入力を中止し、災害の初動対応を行います ＜補助電源＞ ポータブル蓄電池や UPS へ電源を供給し、情報入力を再開します しかし、情報入力よりも生命の維持のための電源確保が重要な場合は、不要なコンセントを外し、生命維持装置に関する設備へ電源供給します 発電機を室外で始動させ、コードリールで電源を引き込みます 初動対応が落ち着いて車両からの電源がとれるなら、カーインバーターから UPS へ電源供給 ＜手書きで対応＞ 診療記録、体調記録、介助記録、お薬記録など ＜被災状況の写真＞ 建物の被災状況や人物の避難状況など写真に残し資料とする ＜サーバーの位置＞（この施設は浸水可能性が） データはクラウド上へ オフィスの光通信モデム・WiFi 関連一式は、１８０cm の高さの壁に棚をつけて固定 ファイルバックアップ用の NAS サーバーは、３階のラックで UPS 接続し施錠固定

（7）衛生面（トイレ等）の対策

被災時は、汚水・下水が流せなくなる可能性があるため、衛生面に配慮し、トイレ・汚物対策を記載する。

①トイレ対策

＜水が出ない場合＞ 災害用トイレ（排泄袋）を既存のトイレに設置して対応（１日に１人５回） 水を抜かずに白いビニール袋をかぶせテープで固定し、その上に排泄用袋を設置して用を足す トイレットペーパーもその中に廃棄して、排泄袋を結び収納袋へ入れる 紙おむつで済ませられる利用者様には紙おむつで対応 ＜流水を用意できる場合＞ ※河川からの汲み上げ　組立式ウォータータンク（１トン）へ汲み置きし、トイレに使用 バケツで汚水を流す ＜トイレそのものが使えない場合＞ 組立式段ボールトイレ（７台）＋災害用排泄袋を既存のトイレ内に設置 １階フロアに２台、２階フロアに２台、３階フロアに２台、職員用を１台 ウェットティッシュを設置 （各居室にトイレがある場合：居室の数だけ、組立式段ボールトイレを準備） ＜職員用マンホールトイレ＞ 職員用としてマンホールトイレ&プライバシーテントを準備

②汚物対策

排泄物や使用済みの紙おむつなどの汚物の処理方法を記載する。

・紙おむつなどは、通常通りの処理 ・排泄袋に入れたものは屋外で匂いがしない袋に二重に詰めて保管し、自治体の指示に従い、平台トラックなどで輸送し、通常の圧縮トラックで回収しないようにする ・コロナ感染症対策に使用したものは、アルコール噴霧し３日間の保管後普通ゴミとして処理する（７２時間でウイルスの感染機能なし） ・その他、ガレキなどは駐車場に「一時置き場」を作り、台風などで飛ばないようにブルーシートをかけて、自治体の指示に従い回収車が来るまで保管する

（８）必要品の備蓄

被災時に必要な備品はリストに整理し、計画的に備蓄する（多ければ別紙とし添付する)。

定期的にリストの見直しを実施する備蓄品によっては、消費期限があるため、メンテナンス担当者を決める。

定期的に買い替えるなどのメンテナンスを実施する

【医薬品】：別紙管理表あり（実際の医薬品と管理個数を記入)

【利用者様用　飲料・食品】（４階倉庫保管　○○年○○月確認)

日にち		品名（３０名分）	数量
３日分		純天然アルカリ水 500ml	180
		純天然アルカリ水　２L	90
		野菜1日これ1本	90
１日	朝	白がゆ	30
		根菜やわらか煮	30
	昼	鮭がゆ	30
		あじのムース	30
	夜	梅がゆ	30
		ハンバーグ煮込み	30
２日	朝	だしがゆ　こんぶ	30
		里いもの鶏そぼろ煮	30
	昼	いかのムース	30
		かぼちゃ煮	30
	夜	だしがゆ　鶏	30
		さば味噌煮	30
３日	朝	だしがゆ　鮭	30
		ホワイトシチュー	30
	昼	だしがゆ　あずき	30
		ハンバーグ煮込みトマトソース	30
	夜	だしがゆ　鮪	30
		赤魚の煮付	30

【スタッフ用　飲料・食品】（４階倉庫保管　○○年○○月確認)

	品名（１５名分）	数量
３日分	純天然アルカリ水 500ml	90
	純天然アルカリ水　２L	45
	野菜１日これ１本	45

1日	朝	ブレッドメープル	15
		トマトスープ	15
	昼	アルファ化米 白飯	15
		ＬＬヒートレスカレー	15
	夜	FDご飯 炊き込み五目 ※	15
		ホワイトシチュー	15
2日	朝	ブレッドチョコ	15
		豆のスープ	15
	昼	アルファ化米 わかめご飯	15
		根菜のやわらか煮	15
	夜	FDご飯 ピラフ	15
		ハンバーグ煮込み	15
3日	朝	ブレッドブルーベリー	15
		かぼちゃのスープ	15
	昼	アルファ化米きのこご飯	15
		肉じゃが	15
	夜	FDご飯カレー	15
		さば味噌煮	15

※ （FD：フリーズドライ）

【備品】

介護事業所向け（保管場所：１階倉庫）確認日：〇〇年〇〇月		
区分	品名	数量
電力	発電機　エネポ（カセットガス発電）	1
	発電機　MGC２２００（プロパンガス発電）	1
	ポータブル蓄電池 LB-400	1
	蓄電池 VOLTANK　ML-720i	1
	防雨型コードリールSS-30	1
	LED作業灯三脚セット	1
	充電式LEDアップライト	1
燃料	カセットガス	64
	4サイクルエンジンオイル	1
	白灯油　1L×８缶入（石油ストーブ用）	3
救出・搬送	背負い式工具セットB	1
	ヘルメット	5
	ヘッドライト	5
	二つ折担架	1
	トランスポートチェア（救助担架）	1
	アルミ製スタンダード車いす	2

	懐中電灯	5
救護・救命	災害多人数用救急箱　２０人用	1
	ゴムボート（空気入れポンプ）	1
	救命胴衣（ライフジャケット）	40
避難生活	アルミGIベット	5
	LEDランタン（蓄電式・電池式）	10
	簡易トイレ　100回分（抗菌凝固剤＋排泄袋）	10
	組立式段ボールトイレ	7
	常備用カイロ	180
	エアーベット 64761ダウニーシングル	10
	対流型石油ストーブ（丸型）	1
	カセットコンロ	2
	組立式ウォータータンク（１トン）	1
衛生用品	ウェットタオルワイド	30
	からだふきふきぬれタオル	30
	水のいらない泡なしシャンプー	30
	除菌ウェットティッシュ	30
	アルコール消毒液　５L	2
	消毒液用５００ｍｌシャワーポンプボトル（空）	10
	サージカルマスク　50枚入	20
	ニトリルグローブ　200枚入り	10
	感染防護セット（ｶﾞｳﾝ,ｸﾞﾛｰﾌﾞ,ｼｭｰｽﾞｶﾊﾞｰ,ｷｬｯﾌﾟ,ｼｰﾙﾄﾞ付ﾏｽｸ）	5
	MA-T とろみ剤・栄養飲料ゼリーなど	10
情報通信	ハザードトークHT906M（IP無線機）	2
	備蓄LEDランタンラジオ　ECO-7	1

備品・飲料・食品の備蓄の協力：株式会社 河本総合防災

（９）資金手当て

災害に備えた資金手当て（火災保険など）を記載する。

緊急時に備えた手元資金等（現金）を記載する。

・自己資金の活用　（○○円）
・民間金融機関からの融資（銀行・信用金庫）
・政府系金融機関からの災害特別融資
・生命保険からの借入・解約返戻金の利用
・損害保険（想定している被災に対象外があるので保険の詳細を担当者に聞いて事前に認識する）
　例：水害の地面からの高さの認識違い４５cm 以上の浸水でしか出ないなど
・災害特別法などによる政府からの助成金の活用
・従業員への雇用助成金の積極活用
・税理士・社労士・弁護士への相談

3. 緊急時の対応

（1）ＢＣＰ発動基準

地震・水害の場合等に分けてBCPを発動する基準を記載する。

予測できない災害 【地震による発動基準】 安否確認の発動 ・施設において立ってられない揺れを感じた場合、安否確認を実施 （震度５弱以上の揺れ） ・安否確認発令担当者が自宅で立ってられない揺れを感じた場合 ・安否確認発令担当者の自宅で揺れは少ないが停電した場合 BCP対応の発動 ・停電した場合（停電の理由は問わない） ・立ってられない揺れを感じた場合 ・揺れによる転倒物、落下物、利用者様の恐怖、怯えが多い場合 ・明らかな大規模地震の場合 ・竜巻などで、自施設が被害を受けた場合 予測可能な災害 【水害による発動基準】 ・大雨警報(土砂災害)、洪水警戒が発表されたとき ・台風により高潮注意報が発表されたとき ・交通機関が計画運休された場合 ・発令担当者は、気象庁から警報が出た時点で全ての車両満タンを全職員に安否確認連絡網を使って指示 ・事前に発信したメールに被災した時点で安否返信できる体制を構築する

（管理者が不在の場合の代替者も決めておく）

発動管理者　１位	代替者　２位	代替者　３位
BCP対応発動者 ○○　○○	○○　○○	○○　○○
安否確認発令者 ○○　○○	○○　○○	○○　○○

(当直による安否発信も可能)

（２）行動基準

▼行動基準 １、スタッフ自身の安全確保と利用者様の安全確保を同時に行う （避難が必要な場合は迷ったら行う） ２、生命の維持に必要なサービスの提供を行う ３、支援と受援の両方を迅速に行う（受援：支援してもらう・助けてもらう） ４、できる限り地域に開放し協力する（地域貢献）		
▼状況把握 ・状況の把握（施設の状況・災害の全容・インフラ情報・交通情報） ・スタッフ自身の家族の安否確認と自宅の安全を確保（継続） ・利用者様の家族への安否確認 ・グループ法人・公共機関との情報連携		
1	避難・負傷者対応	
	1	ホールド（地震の場合：自身の安全確保）
	2	来訪者（利用者様）への安全確保
	3	ケガ人の救出
	4	一時避難（１食堂）・（２駐車場）
	5	水害の場合　人の避難　重要物の避難
2	応急対処	
	1	初期消火
	2	自施設はもちろん近隣住民の倒壊・火災などへの対応
	3	応急手当
	4	１１９番通報
	5	※水害の場合、浸水対応（電気情報関連を机の上・上階へ移動）
	6	ブレーカーのOFF
	7	太陽光パネルのモニター確認・自家発電作動確認・UPS稼働確認
3	安否確認	
	1	点呼（施設内にいる者）
	2	点呼状況を本部長への報告
	3	メール（SNSライン）で安否確認 （発令１位　○○・発令代替２位　○○・発令代替３位○○） 時間外：夜勤が実施
	4	本部長不在時は代理人が指示
	5	水害時避難場所へ避難
	6	ガラス破損時のセキュリティーの維持（ブルーシートとロープで侵入防止・電池ランタン点灯）
4	被害状況の確認	
	1	施設の被災状況確認
	2	インターネット接続
	3	サーバー破損・UPS（無停電電源装置）
	4	プリンター（○○台）異常ないかの確認

	5	生命維持装置の稼働確認
	6	入浴介護中の状況確認　排泄介助状況確認
	7	トイレの水栓を排泄袋対応へ変更
	8	キッチンの状況確認
	9	配管の確認 ・医療ガス配管・水道管・防火用水菅・スプリンクラー菅・ガス配管・ボイラー ・漏れがある場合は元バルブの停止
	10	車両の燃料残量
	11	グループ法人・公共機関との情報連携（電話は錯綜状態になっているので、ライン・メール・FAX での対応も行う）
	12	代替拠点の状況を確認し災害対策本部をどこにするか決定（インターネットが使えるかが一番の判断理由）
	13	
5	二次災害防止	
	1	二次災害防止の指示
	2	余震・増水・暴風雨による人的災害の軽減対策の指示（率先避難せよ）
	3	火災・倒壊・転倒・飛散・流出の防止措置の指示 （全ては身体の安全が優先される）
6	ＢＣＰ災害対策本部の立ち上げ（本社の場合）	
	1	固定電話・携帯電話・インターネットの通信確認
	2	電源の確保 （ソーラー・UPS・非常発電機・ポータブル蓄電池・カーインバーター）
	3	生命維持装置への電源供給
	4	生命維持装置への電源供給ができない場合 手動たん吸引　電池式（予備電池確認） 酸素ボンベで対応　酸素流量計付減圧弁の接続 予備ボンベの本数確認 など
	5	サーバー接続・ノートパソコン稼働・プリンター稼働確認 ナースコール動作確認 生命維持装置のオフィス連動アラート確認
	6	貯水槽のバルブを再確認し貯水量を記録（残り〇〇トン）
	7	スタッフ家族への連絡（各人家族カード携帯）
	8	帰宅が必要なスタッフへの帰宅指示・自宅が安全かどうかの確認・再確認
	9	利用者様のご家族への緊急連絡
	10	利用者様への声かけの継続
	11	緊急食料の配給　食事介助　投薬介助　トイレ介助
	12	緊急応援の準備（スタッフの配置・応援要請）
	13	緊急応援の準備（協力業者へ要請）
	14	軽油・ガソリンの燃料補給の段取り
	15	介護リース・レンタル業者との情報連携

	16	アスベスト・放射性物質・毒性気体など 環境汚染対策の実施→防塵マスク・ゴーグル着用・目張り・換気扇停止
	17	警備会社との情報連携
7	対応戦略の判断	
	1	災害の規模把握
	2	グループ全体の調整　スタッフ・設備・材料の稼働・在庫・調達状況
	3	利用者様の体調・意向確認
	4	重傷者の病院や別施設への転院
	5	ご家族宅への一時帰宅
	6	完全被災で使用不能の場合、利用者様全員の転院先の調整
	7	仮設の介護サービス場所を役所と調整ながら法的開設し、 設備のリース調整
	8	破損箇所への応急処置
	9	破損箇所への応急工事発注
	10	破損設備の修理を発注
	11	損害保険担当者へ連絡
	12	法規制の災害による緩和策の確認 法の緩和状況に応じて柔軟に変化・対応する
8	福祉避難所としての対応	
		受け入れるかどうか
		受け入れる人数
9	社会貢献	
	1	近隣の救助活動
	2	施設の開放
	3	入浴車両での支援
10	県内外の社会福祉法人で新規に相互協力できるところを探す	
		県外業者への協力確認
		ホームページで新規協力先を募集
		ホームページで自社の状況と今後の BCP 対応を公開
		公開内容の更新（第一報・第二報・・・・・）
11	支払・資金調達	
	1	残金確認
	2	メインバンクからの災害時融資（事前契約）
	3	メインバンクからの新規融資確認
	4	○○市の災害助成金の確認
	5	被災地域企業への国の特別復興助成金などの確認
	6	従業員が受けることができる災害支援金の確認
	7	給与の支払い
	8	協力業者への支払い

	9	関係者への災害お見舞い金の検討
12	非常時勤務体制の構築	
	1	罹災証明を取るために日中の勤務を交代で調整
	2	自宅の整理整頓・整備・引越しの手伝い
	3	緊急雇用の受け入れを判断（雇用助成金の確認）

（３）対応体制

人数に限りがあるため、ほとんどの役割を全員で行うことになりますが、担当者として迅速に対応するために、リーダー、副リーダー、メンバーを決めます（一人が複数の役割を担当します）		
本部長		意思決定
	施設長	
	代理	
緊急時参集メンバー		自動的に災害時に参集する
	メンバー	
避難誘導班		災害発生時に利用者様の避難誘導を行う
	リーダー	○○○○
	副リーダー	○○○○
	メンバー	○○○○　○○○○　○○○○　○○○○
情報通信通報班		１１９番通報・災害情報収集・ネットで情報公開
	リーダー	○○○○
	副リーダー	○○○○
	メンバー	○○○○　○○○○　○○○○　○○○○
安否確認班		スタッフ・利用者様・ご家族へ安否確認
	リーダー	１位○○○○
	副リーダー	２位○○○○
	メンバー	３位○○○○　４位○○○○
生命維持声かけ班		生命維持装置の確認と手動切り替えで継続
	リーダー	○○○○
	副リーダー	○○○○
	メンバー	○○○○　○○○○　○○○○　○○○○
発電機稼働班		発電機・バッテリー・インバーターの作動
	リーダー	○○○○
	副リーダー	○○○○
	メンバー	○○○○　○○○○　○○○○　○○○○
初期消火班		消火器・消火栓・スプリンクラー・ポンプ対応

	リーダー	○○○○
	副リーダー	○○○○
	メンバー	○○○○　○○○○　○○○○　○○○○
応急救護班		応急手当、AEDなどを実施
	リーダー	○○○○
	副リーダー	○○○○
	メンバー	○○○○　○○○○　○○○○　○○○○
備品備蓄食料班		非常食の調理、残量確認など
	リーダー	○○○○
	副リーダー	○○○○
	メンバー	○○○○　○○○○　○○○○　○○○○
車両搬送班		緊急搬送・仕入れ・送迎を行う
	リーダー	○○○○
	副リーダー	○○○○
	メンバー	○○○○　○○○○　○○○○　○○○○
外部対応班		避難者受け入れ
	リーダー	○○○○
	副リーダー	○○○○
	メンバー	○○○○　○○○○　○○○○　○○○○

（4）ＢＣＰ対応拠点

緊急時対応体制の拠点となる候補場所を記載する
（安全かつ機能性の高い場所に設置する）。

第１候補場所	第２候補場所	第３候補場所
１階　事務所 ３階　イベントホール	施設長の自家用車 社用車　３台	○○公民館 （避難予定先）
第４候補場所		
○○○総合支援センター	災害時協定先（避難予定先）	

（5） **安否確認**

① **スタッフの安否確認**

【事前確認メール】

大規模風水害警報が出される場合は、前日の勤務中に必ず、事前発信を行います。

発信時間	PM４時発信
安否確認対応の準備	もし災害が発生した場合、このメールに返信ください または、SNS○○グループへ送信してください
燃料の満タン	社用車、自家用車、軽油予備タンク（発電機用）LP ガス確認 カセットガス確認
自動参集者のメンバー	自動参集者のメンバーが忘れないように確認 当直の数を増やすかの確認
電力補給	カーインバーターの確認、スマホ・デバイスバッテリーの充電 ポータブルバッテリーの充電確認
施設外周	飛散、流出防止措置

【安否確認ルール】

１安否確認責任者	本部長：○○○○	
２安否確認実施者	役職	名前
1　第１発信者	施設長	○○○○
2　第２発信者		
3　第３発信者		
	その日の当直	
３安否確認の方法		
1　LINE グループ	LINE スタッフ全員グループに発信 第１～４発信者の誰でも気づいた人が最初に発信	
2　メールグループ一斉発信	スマホからでも発信できるように準備しておく ・スタッフメールグループ ・通所利用者様メールグループに BCC で発信 ・入所ご家族様メールグループに BCC で発信	
3　携帯電話・ショートメール	別紙「スタッフ連絡先」グループごとに連絡内容を集計し責任者へ報告 別紙「スタッフ連絡先」	
4　安否システム	安否システムの場合、業者から自動発信 地震時は震度５以上で自動発信	

４安否確認の発信内容　（事前に作成しスマホや PC に保存しておく）		
		２４時間　３６５日
1	安否	安全ですか？
2	勤務	勤務継続できますか？
3	状況	状況をコメントください

５発信のタイミング		勤務時間内
１	地震など突発的な災害	立ってられない揺れ、震度５以上　５分以内に発信
２	台風など予測可能な災害	AM６時、正午、PM４時（ニュース・交通機関運行確認後）
３	病気・インフルエンザ・事故	状況に合わせて
４	スタッフの家族への連絡	２時間以内
５	帰社判断（宿泊判断）	風水害の場合　午前１０時、正午、午後４時
６連絡が取れない場合の対応		
	自宅に向かう	勤務時間内：状況により判断 夜間休日：翌朝判断
	命の危険が予測される場合は引き返す	
７スタッフと家族の安否確認		
	スタッフとその家族間の安否確認は、災害用伝言ダイヤル（１７１）を使用	

② 利用者の安否確認

【施設内】

・居室を全て確認　ユニットごとに安否確認班リーダーへ報告

・第１集合地点、第２集合地点、で点呼を行う

・避難先（第３集合地点）で点呼を行う

・避難先（第４集合地点）で点呼を行う

・ご家族へ安否確認を行う

　・利用者様の安否をお伝えし、ご家族の安否状況、自宅、避難先と連絡先の再確認

　・SNSグループの事前作成、一斉配信メーリングリストの事前作成

【医療機関への搬送方法】

先に医療機関へ受入れの可否確認後、施設の送迎バスで搬送する

また、職員の自家用車で搬送（除菌スプレーで除菌後に搬送）

【訪問・通所の利用者様の自宅等】

１安否確認責任者	本部長：○○○○	
２安否確認実施者	役職	名前
１　第１発信者		
２　第２発信者		
３　第３発信者		
４　第４発信者		
３安否確認の方法		
安否確認班とリーダーで話し合い、ご利用者様へ連絡		

1	LINEグループ	事前作成したSNSグループへ発信 （話し合ってから発信する）	
2	メールグループ一斉発信	スマホからでも発信できるように準備しておく ・通所利用者様メールグループにBCCで発信 ・入所ご家族様メールグループにBCCで発信	
3	携帯電話・ショートメール	別紙「ご利用者様安否確認情報」を使い、手分けして 安否内容を集計し安否確認班リーダーへ報告	
4	安否システム	安否システムの場合、地震時は震度５以上で自動発信	
4安否確認の発信内容　（事前に作成しスマホやPCに保存しておく）			
		サービス時間内	サービス時間外
1	安否	「大丈夫ですか」の声かけ 救出搬送・避難など実施	「怪我はありませんか」
2	状況	状況確認し本部と ご家族など緊急連絡先へ連絡	「ご自宅の状況はどうですか」 「施設まで送迎しますか」 「避難所行けますか」
5発信のタイミング		サービス時間内	サービス時間外（夜間休日）
1	地震など突発的な災害	震度５以上　５分以内 立ってられない揺れ	震度５以上　１０分以内
2	台風など予測可能な災害	AM７時、正午、PM４時 避難準備・高齢者等避難開始情報など災害発生の予兆がある時 自治体の避難所開設情報の発信時	前日PM４時、当日AM７時 避難準備・高齢者等避難開始情報など災害発生の予兆がある時 自治体の避難所開設情報の発信時
3	ご利用者ご家族への連絡	状況に応じて ご家族など緊急連絡先へ連絡	翌朝、または、状況に応じて ご家族など緊急連絡先へ連絡
4	送迎帰宅判断	午前１０時、正午、午後４時	−
6連絡が取れない場合の対応			
	ご利用者様の自宅に向かう	勤務時間内：状況により判断	夜間休日：翌朝判断
	命の危険が予測される場合は引き返す		

安否確認用紙（スタッフ用）

No.	名前	住所	電話	通知手段	安否	出勤	自宅状況	家族状況	避難先	追加連絡先
1				メール	軽傷	不可	使用不能	安全	親戚	親戚の電話
2				電話留守電に入れる						
3				SNS	安全	出勤	落下物あり	安全	自宅	配偶者の電話

安否確認用紙（利用者様）

No.	名前	住所	電話	通知手段	安否	送迎	自宅状況	家族状況	避難先	追加連絡先
1				メール	軽傷	不可	使用不能	安全	親戚	親戚の電話
2				電話	安全	希望	問題なし	安全	自宅	息子の電話
3				SNS	安全	出勤	落下物あり	安全	自宅	配偶者の電話

（６）職員の参集基準

発災時の職員の参集基準を記載する。

なお、自宅が被災した場合など参集しなくてもよい場合についても検討し、記載することが望ましい。

休日昼間　休日夜間　勤務夜間
自身と家族の安全確保の上、自身の判断で参集してください
施設までの距離と参集方法、徒歩、自転車、バイク、自家用車、社用車、電車など
事前に参集メンバーリストに記載しておくこと

勤務日		休日	
勤務中（宿直）	夜間（帰宅後）	日中	夜間
勤務継続 自動参集者へ連絡 救援要請 帰宅判断 BCP 対応	明るくなって参集するメンバー ○○○○ ○○○○ 夜間でも参集するメンバー ○○○○ ○○○○	自宅待機メンバー ○○○○ ○○○○ 即時参集するメンバー ○○○○ ○○○○	自宅待機メンバー ○○○○ ○○○○ 明るくなって参集 するメンバー ○○○○ ○○○○ 夜間でも参集するメンバー

			○○○○ ○○○○

＜参集品＞
鍵、サーバーパスワード、バックアップ復旧マニュアル、ライト、水、食料、デバイスバッテリー、ヘルメット、軍手、着替え、寝袋など（施設で準備が整っていない場合はカセットコンロや炊飯器、保冷機、保冷剤を持ち寄る場合もあります）

（7） 施設内外での避難場所・避難方法

【施設内】

	第1避難場所	第2避難場所
避難場所	1階　食堂	3階　イベントホール
避難方法	＜自室待機＞ 深夜で地震被害が少なく停電のみの場合などランタンの配布 （生命維持関連は継続） ＜横移動の場合＞ ・車椅子で搬送 ・ベッドキャスターで搬送 ・毛布に包んでベルトで固定し滑らせるように搬送	＜縦移動の場合＞ （エレベータ使用不能時） ・背負い搬送（おんぶ） ・二人で搬送 ・軽い椅子に乗せ、脚と背もたれを前後（両側）に持ち搬送 ・折り畳み式担架 ・非常用階段避難車（手動式） ・非常用階段避難車 （電動バッテリー式） （非常時持ち出し品を上階へ）

火災の場合は、まず駐車場へ避難、戻れる場合は施設へ、戻れない場合は以下の施設へ

【施設外】

	第1避難場所	第2避難場所
避難場所	○○公民館　徒歩移動可能	○○総合支援センター
避難方法	徒歩、自力歩行 自力車椅子、介助車椅子 電動車椅子、ストレッチャー （非常時持ち出し品を持参）	・車両搬送 ・受入れ施設のバス ・契約バス ・介護タクシー利用 ・スタッフ自家用車 ピストン搬送する場合、軽傷者から搬送する方が時短できる （非常時持ち出し品を持参）

（８）重要業務の継続

優先業務の継続方法を記載する（被災想定（ライフラインの有無など）と職員の出勤と合わせて時系列で記載すると整理しやすい）。

優先業務	時間			
	深夜発生	１日目	２日目	３日目
生命維持（酸素療法・たん吸引・カテーテル・胃ろう・寝返り介助など）	継続 停電時は手動	発電機を作動させ、継続	発電機を作動させ、継続 燃料調達	発電機を作動させ、継続 燃料調達
排泄・排泄介助	紙おむつ交換	メンバーと実施 非常時トイレ対応	メンバーと実施 非常時トイレ対応	メンバーと実施 非常時トイレ対応
飲料・非常食介助・栄養補助食品	休止	温めるだけの非常食と栄養剤で対応	温めるだけの非常食と栄養剤で対応	食材と調理士が揃えば実施
薬の服用	休止	実施	実施	実施
清拭・褥瘡のケア	最低限で実施	適宜実施	適宜実施	適宜実施
口腔ケア・洗面	休止	ウェットタオルで対応	洗面 うがい	口腔ケア実施
自動参集メンバー招集	実施	BCP 勤務体制	BCP 勤務体制	BCP 勤務体制
利用者様・家族様への安否確認	重傷・死亡のみ実施	通常の安否確認を実施	経過情報通知	経過情報通知
救急搬送	可能な限り実施	実施	実施	実施

（９）職員の管理

①休憩・宿泊場所

震災発生後、職員が長期間帰宅できない状況も考えられるため、候補場所を検討し、指定しておく。

休憩場所	宿泊場所
自席	休憩室（２人分）
休憩室	空きの居室（４人分）
自家用車	イベントホール（１０人分）
空きの居室	食堂（１０人分）
	ホテル・旅館

②勤務シフト

震災発生後、職員が長期間帰宅できず、長時間勤務となる可能性がある。

参集した職員の人数により、なるべく職員の体調および負担の軽減に配慮して勤務体制を組むよう、災害時の勤務シフト原則を検討しておく。

【災害時の勤務シフト原則】
・労働基準法を遵守
・施設内・法人内での人員確保、自治体・関係団体への応援職員の依頼を迅速に行う
・役所へ罹災証明提出、自宅の整理などにあてる平日の昼を休めるシフトへ変更
・ボランティアの要請と受け入れをする
・応援スタッフやボランテイアの食事対応、休憩室、宿泊場所を決める
災害時はタイムカードが機能しなくなり、災害対応の時間外労働が増えるから、勤務日○○時～○○時　休憩、食事についてのメモを残しておきましょう。

＜労働基準法第３３条（災害時の時間外労働等）について＞
災害その他避けることのできない事由により臨時に時間外・休日労働をさせる必要がある場合においても、例外なく、３６協定の締結・届出を条件とすることは実際的ではないことから、そのような場合には、３６協定によるほか、労働基準法第３３条第１項により、使用者は、労働基準監督署長の許可（事態が急迫している場合は事後の届出）により、必要な限度の範囲内に限り時間外・休日労働をさせることができるとされています。労働基準法第３３条第１項は、災害、緊急、不可抗力その他客観的に避けることのできない場合の規定ですので、厳格に運用すべきものです。
なお、労働基準法第３３条第１項による場合であっても、時間外労働・休日労働や深夜労働についての割増賃金の支払は必要です（厚生労働省 HP)。

（１０）復旧対応

① 破損個所の確認

復旧作業が円滑に進むように施設の破損個所確認シートを整備し、別紙として添付しておく。

＜建物・設備の被害点検シート例＞

対象		状況（いずれかに○）	対応事項/特記事項
建物・設備	躯体被害	重大／軽微／問題なし	
	エレベーター	利用可能／利用不可	
	電気	通電　／　不通	
	水道	利用可能／利用不可	
	電話	通話可能／通話不可	
	インターネット	利用可能／利用不可	
	・・・		
建物・設（フロア	ガラス	破損・飛散／破損なし	
	キャビネット	転倒あり／転倒なし	
	天井	落下あり／被害なし	

備単位）	床面	破損あり／被害なし	
	壁面	破損あり／被害なし	
	照明	破損・落下あり／被害なし	
	・・・		

② 業者連絡先一覧の整備

通常業務と復旧作業を依頼できるよう業者連絡先一覧を準備しておく。

業者名	連絡先	業務内容
福祉レンタル		
医療・看護支援機関		
人材紹介		
医療器具・医薬関連		
設備工事関連		
情報通信・システム関係		
消耗品関連		
食材関係		
清掃・クリーニング関係		

③ 情報発信（関係機関、地域、マスコミ等への説明・公表・取材対応）

公表のタイミング、範囲、内容、方法についてあらかじめ方針を定めて記載する。

＜ホームページを使って公開する内容＞
・社屋の損壊情報
・インフラの停止状況
・事業継続への対応
・毎日１２時、１６時に更新します
・現在の緊急電話番号とメールアドレス
・利用者様のご家族様でスタッフと連絡のついてない方は早急にご返信ください！

＜公開しない内容＞
・風評被害となるような情報は公開しない
・コロナ感染情報は開示しない（保健所に相談し指示を仰ぐ）
・施設内での死傷者の氏名をホームページでは公開しない

＜マスコミ取材＞
私たちの介護施設では、介護に集中するため望まない取材は受けないこととします
ただし、マスコミの取材を受ける場合は丁寧な対応をとる
報道される時、以下のようなマイナスイメージの見出しがつく場合があるので注意が必要
・「ずさんな介護」
・「利用者を無視した介護」
災害時は、スタッフは完璧な介護はできないし、スタッフ数の軽減で利用者様の要望を無

視せざるを得ない場合もあります
そのできていない部分をあえて取材する記者もいるので要注意！

4.他施設との連携

（1） 連携体制の構築

①連携先との協議

連携先と連携内容を協議中であれば、それら協議内容や今後の計画などを記載する。

支援の指揮は法人本部が行い法人グループ内の全施設は以下の内容を互いに支援する
・スタッフの応援　有資格者の応援
・医療サービスの応援
・入所スペース・介護スペース・会議室の支援
・情報連絡の支援
・社用車・送迎バス・入浴車の支援
・経理処理代行
・水食料備品の調達代行
・燃料の支援
・衛生用品の支援

②連携協定書の締結

企業や地域との連携に関する協議が整えば、その証として連携協定書の写しを添付する。

連携するサービス内容（相互支援・受援・支援）をはっきりさせ、
避難受入、避難行動支援、居室サービス、医療サービス、介護サービス、介護食調理サービス、送迎サービス、入浴サービス、機能訓練サービス、情報通信サービス、燃料供給サービス、費用負担などを連携先と締結する

③地域のネットワーク等の構築・参画

施設・事業所の倒壊や多数の職員の被災等、単独での事業継続が困難な事態を想定して、施設・事業所を取り巻く関係各位と協力関係を日ごろから構築しておく。地域で相互に支援しあうネットワークが構築されている場合は、それらに加入することを検討する。

【連携関係のある施設・法人】

施設・法人名	連絡先	連携内容
社会福祉法人〇〇	電話	各種サービス
〇〇福祉レンタルサービス	電話	福祉器具レンタル

【連携関係のある医療機関（協力医療機関等）】

医療機関名	連絡先	連携内容
○○クリニック	電話	訪問医療サービス支援
○○病院	電話	手術入院

【連携関係のある社協・行政・自治会等】

名称	連絡先	連携内容
○○町自治会	会長○○○○ 電話	○○公民館への洪水避難行動の介助支援
○○総合支援センター	電話	施設運営不能時の 避難の受入れ先

（2） 連携対応

① 事前準備

連携協定に基づき、被災時に相互に連携し支援しあえるように検討した事項や今後準備すべき事項などを記載する。

相手先名：社会福祉法人○○
連絡先　：○○-○○○○-○○○○　メールアドレス：
担当部署：総務部　○○課
担当職員：○○○○（2021年10月時点）
「被災状況の報告」「受けたい支援」「できる支援」を双方が明確に伝える
<電話で事前連絡し、人数・個数・サービス・種類などをメールで送付>
・スタッフの応援　有資格者の応援
・医療サービスの応援
・入所スペース・介護スペースの支援
・訪問サービスの支援
・情報連絡の支援
・社用車・送迎バス・入浴車の支援
・水食料備品の調達代行
・寝具の調達代行
・衛生用品の支援
・燃料の支援（燃料の種類）

② 入所者・利用者情報の整理

避難先施設でも適切なケアを受けることができるよう、最低限必要な利用者情報を「利用者カード」などに、あらかじめまとめておく。

すでに介護管理システムを導入しているので、計画、体調管理、実施記録、日誌、スケジュールなど利用者様が転院された時に、適切な情報をアウトプットし転院先に送付できるように準備する　紙媒体・DVD・PDFデータ送信などに対応する

③ 共同訓練

　連携先と共同で行う訓練概要について記載する。

【サービスの相互連携の訓練】
担当部署との情報連携訓練を実施
「被災状況の報告」「受けたい支援」「できる支援」を双方が明確に伝える
<電話で事前連絡し、人数・個数・サービス・種類などをメールで送付>
実際に支援できる備蓄品などの数を確認し、搬入する担当者・携帯番号・施設入り口・ルート・目印・搬入車両の車種大きさを確認、一時的に荷下ろしする場所と保管場所を設定する訓練を行う実際にルートを通り同程度の量の空段ボールを荷下ろしして保管場所に運ぶ

【避難先との避難介助連携】
自治会の避難訓練に参加する
公民館内に入り、トイレや段差などを確認し、どのエリアに避難するかを毎回確認する
自治会（地域の方）の避難訓練と同時に施設から公民館までの車椅子介助、ストレッチャー介助など、利用者様の横移動に関する介助を訓練する
　横移動訓練に慣れてきたら、立移動訓練に挑戦するこの場合は、スタッフが利用者様役を演じる
　学生ボランティアも訓練に参加してもらうよう要請する

5. 地域との連携

（1）　被災時の職員の派遣

（災害福祉支援ネットワークへの参画や災害派遣福祉チームへの職員登録）。

　地域の災害福祉支援ネットワークの協議内容等について確認し、災害派遣福祉チームのチーム員としての登録を検討する。

「災害時の福祉支援体制の整備に向けたガイドライン」では、都道府県は、一般避難所で災害時要配慮者に対する福祉支援を行う災害派遣福祉チームを組成することが求められており、それらが円滑に実施されるよう都道府県、社会福祉協議会や社会福祉施設等関係団体などの官民協働による「災害福祉支援ネットワーク」を構築するよう示されている
社会福祉施設等は災害派遣福祉チームにチーム員として職員を登録するとともに、事務局への協力、災害時に災害派遣福祉チームのチーム員の派遣を通じた支援活動等を積極的に行うことが期待されている地域の災害福祉支援ネットワークの協議内容等について確認し、災害派遣福祉チームのチーム員としての登録を検討する

（2）　福祉避難所の運営

【福祉避難所の指定】
　福祉避難所の指定を受けた場合は、自治体との協定書を添付するとともに、受入可能人数、受入場所、受入期間、受入条件など諸条件を整理して記載する。
社会福祉施設の公共性を考えてみれば、可能な限り福祉避難所の指定を受けることが望ましいが、仮に指定を受けない場合でも被災時に外部から要援護者や近隣住民等の受入の要望に沿うことができるよう、上記のとおり諸条件を整理しておく。

【福祉避難所開設の事前準備】

福祉避難所として運営できるように事前に必要な物資の確保や施設整備などを進めるまた、受入にあたっては支援人材の確保が重要であり、自施設の職員だけでなく、専門人材の支援が受けられるよう社会福祉協議会などの関係団体や支援団体等と支援体制について協議し、ボランティアの受入方針等について検討しておく 。

＜準備内容＞
・受入に必要な備蓄類を洗い出し整備する
・資機材についてはレンタルを活用することも検討する
・支援人材確保に向けた連携や受入方針を検討する
・事務手続き等について市町村の窓口に確認しておく
参照：福祉避難所の確保・運営ガイドライン 内閣府

6．サービス別の固有事例

①通所サービス固有事項

【平時からの対応】
1　契約時に複数の連絡先や連絡手段を取得
（固定電話、携帯電話、メール、SNS 等）を把握する（利用者情報リスト）
2　災害リスクをハザードマップから分析し、津波エリア、洪水エリア、内水氾濫エリア、土石流エリアなどどんなリスクがあるかを訪問先利用者様とご家族様に理解してもらい、地震時の寝室の転倒防止対策や通路確保などを促す（リスク分析シート）
3　自宅2階への避難、避難所や親戚への避難方法を確認する（利用者情報リスト）
4　非常持ち出し品の確認
5　近隣との関係性も確認しておき、災害時の声かけをお願いする
6　福祉用具のレンタル・販売
7　住宅改修工事（バリアフリー）

【災害が予想される場合の対応】

台風などで甚大な被害が予想される場合は事前に連絡を行う（安否確認のタイミング）
1　サービスの休止
2　サービスの縮小
3　サービスの前倒し
4　ショートステイの休止
居宅介護支援事業所にも情報共有の上、利用者やその家族にも説明する

【災害発生時の対応】
・利用者様の安全確保
・施設内の避難誘導
・施設外へ避難誘導
・ご家族など緊急連絡先へ連絡
・安全な帰宅送迎
・施設に留まる場合の宿泊

【サービス提供を長期間休止する場合】
・連携先の居宅介護支援事業所へ変更
・他の居宅サービス事業所を紹介
・訪問介護サービスへ変更
・入所サービスへ変更

【利用者様の自宅が全半壊し避難生活になった場合】
・避難先自治体の介護保険担当窓口や地域包括支援センターと相談し、ケアマネジャーの紹介や、介護サービスの継続利用についてのアドバイスを行う
・避難先へ送迎バスを運行させる

②訪問サービス固有事項

【平時からの対応】
1　契約時に複数の連絡先や連絡手段を取得
（固定電話、携帯電話、メール、SNS 等）を把握する（利用者情報リスト）
2　災害リスクをハザードマップから分析し、津波エリア、洪水エリア、内水氾濫エリア、土石流エリアなどどんなリスクがあるかを訪問先利用者様とご家族様に理解してもらい、自身時の寝室の転倒防止対策や通路確保などを促す（リスク分析シート）
3　自宅２階への避難、避難所や親戚への避難方法を確認する（利用者情報リスト）
4　非常持ち出し品の確認
5　近隣との関係性も確認しておき、災害時の声かけをお願いする
6　福祉用具のレンタル・販売
7　住宅改修工事（バリアフリー）

【災害が予想される場合の対応】
台風などで甚大な被害が予想される場合は事前に連絡を行う（安否確認のタイミング）
1　サービスの休止
2　サービスの縮小
3　サービスの前倒し
4　災害準備の確認連絡（雨戸閉め・水のため置き・備蓄品・非常持ち出し）など

【災害発生時の対応】
・利用者様の安否確認
・ご家族様など緊急連絡先へ連絡
・本部へ自身と利用者様の安否を報告（安否確認）
・サービス提供中の災害対応（救出・救護・避難・搬送・非常持ち出し）躊躇なく実施

【サービス提供を長期間休止する場合】
・他の訪問介護サービス事業所へ変更

【利用者様の自宅が全半壊し避難生活になった場合】
・避難先自治体の介護保険担当窓口や地域包括支援センターと相談し、ケアマネジャーの紹介や、介護サービスの継続利用についてのアドバイスを行う
・入所型介護保険事業所の紹介

第7章　資料編

1　それぞれの訓練の実施例

防災訓練の仕方

防災訓練の仕方は次の例を参考にしてください。

・目的　災害発生時の初動対応とＢＣＰ対応を訓練し対応レベルアップ

・訓練内容　地震（南海トラフ地震　津波あり）

・通し訓練（15分）手分けして訓練

初動対応　避難誘導（1階食堂）　点呼　傷病者救出搬送　応急手当　AED＋CPR

エレベーター閉じ込め確認

火災確認の施設巡回　初期消火（消火器・消火栓）１１９番通報　ポンプ停止

安否確認発信・受信　ラジオ受信

生命維持関連（たん吸引手動・電動／酸素ボンベ＋調整機）対応準備・装着

発電機・ポータブルバッテリー始動で電源から生命維持装置へ

通信機器稼働確認

ご家族様への安否連絡

建物の点検（二次災害防止点検・使用可否点検）

【図表14　防災訓練の様子】

待機・帰宅・離脱・別棟避難・上階避難・公民館避難・総合センターへ避難を決定
・役割変更訓練（15分）
上記のメンバー役割を変えて２回目を実行
・振り返り訓練（60分：研修会&実演形式）
すべての動作を検証しながら、本来のやり方を検証し講師の指導を仰ぎながら最初の動作から振り返り（消火器・消火栓・警報器・ポンプ停止など装置の使い方）
・アンケート実施
回収・集計して改善項目などフィードバック

ＢＣＰ机上訓練の仕方

会議室などで行う訓練です（準備：ホワイトボード・モニター・パソコン・テレビ会議）。
・専門家からのＢＣＰ・防災研修（啓発・継続・レベルアップを目的）
・ＢＣＰ文書読み合わせ訓練（初動対応で重要部分を読み、変更点がないか確認する訓練）

・シナリオ訓練（セリフ型：訓練参加者が作成したシナリオ通り、各役割がセリフを演じる訓練）
・ワークショップ訓練（討論型：与えられたテーマをチーム内で討議し、解決策を導き出す訓練）
・ロールプレイング訓練（対応型：訓練管理者からの出題に臨機応変かつ実践的に対応する訓練）

2　その他資料など

参考資料

・介護施設・事業所における自然災害発生時の業務継続ガイドライン（厚生労働省老健局）
・エレベーターの地震対策の取組みについて（報告）　国土交通省 住宅局 建築指導課 令和2年7月14日
・雲仙岳災害記念館　がまだすドーム（普賢岳噴火被害状況）
・日本 COVID-19 対策 ECMOnet（76歳以上の延命治療）
・一般社団法人レジリエンス推進協議会ＳＴＯＰ感染症！　先進ソリューションガイドブック
・ＭＡ－Ｔ　関連商品取扱い
・経済産業省 資源エネルギー庁（原子力発電所からの避難）
・一般財団法人消防科学センター　消防防災の科学１０３号（避難か待機か）
・内閣府防災情報のページ 北海道南西沖地震災害教訓情報資料集（奥尻島津波高）

・東北地方太平洋沖地震津波合同調査グループ　現地調査結果（痕跡調査結果）
・河北新報　大川小学校 津波襲来、地震発生から45～46分後か　東北大が解析、5～6分推定早まる（渦巻く津波）
・ＮＨＫスペシャル　黒い津波 知られざる実像（津波肺）
・J-SHIS 地震ハザードステーション（J-SHIS）
・全国防災ハザードマップポータルサイト（国土交通省）
・東日本大震災の記録・宮城（泉区福祉ガイドブック作成委員会）

お役立ち集

・事業継続力強化計画の認定制度の概要（中小企業庁）
・地震体験シュミレーション（家庭用アニメ）
・生活・事業再建ハンドブック（首相官邸・東日本大震災版など）
・平成30年7月豪雨関連情報（中小企業庁）
・令和元年台風第15号による災害に関して被災中小企業・小規模事業者対策
・都道府県別の地震想定と影響（文科省）
・南海トラフ想定被害（朝日新聞デジタル）
・原発からの距離を計測するＷＥＢツール

・FLOODMAPS（China & Japan）
・正確な標高がわかるｗｅｂ地図（国土地理院）
・防災情報のページ（火山・台風・大雪・南海トラフの最新情報など）内閣府
・火山ハザードマップデータベース
・全国の河川ライブカメラ（国土技術研究センター）
・内閣府　防災　地方公共団体（都道府県）での被害想定
・建設ＢＣＰガイドライン（(社）日本建設業連合会
・中小企業庁ＢＣＰ「中小企業ＢＣＰ策定運用指針」
・東京商工会議所「ＢＣＰなど企業の防災対策支援」
・日本商工会議所「中小企業のためのＢＣＰ」
・内閣府　事業継続のページ
・レジリエンス認証制度（国土強靭化計画ＢＣＰ）
・小規模企業者向けＢＣＰ策定マニュアル（ＰＤＦ）（香川商工会ＢＣＰ）
・建設会社における災害時の事業継続力認定の継続申請に向けたＢＣＰ訓練マニュアル
・人と防災未来センター
・自動車通行実績情報マップ（実際に車が通過したかどうかが一目でわかる地図）
・放射線量マップ文科省

・PM2.5 汚染マップ　そらまめ君（環境省大気汚染物質広域監視システム）
・転倒防止対策（東京消防庁）
・商工会議所クラウドデータバックサービス
・サーバー免震装置（昭電・東京）
・地震速報装置

協力企業

・ビジネスエージェンシーたかしまよしお（研修会・セミナー）
・陰圧送風機ＨＥＰＡフィルター・防護服（サンワ・リノテック：大阪）※
・災害関連・衛生関連資材（サンコー物産：大阪）※
・災害時水回り一式・配管資材・水栓バルブ・緊急遮断弁（セトバルブ：大阪）※
・業務用各種ネジ・ボルト商社（カンタス：大阪）※
・地震に強い住宅建設（レジリエンス認証企業・クロダハウス：石川）※
・災害防犯備蓄品（ISO22301 取得企業・河本総合防災：本社：神奈川・大阪支店）
・乾燥剤・除菌 MA-T（A2Care）（レジリエンス認証企業・山仁薬品：大阪・滋賀）※
・マイレット（レジリエンス認証企業・まいにち（株）：大阪）※
※：３ＳＫ実施中の企業

あとがき

本書の内容は介護ＢＣＰで、コロナ禍に間に合わせるための執筆となりました。また初の出版で至らぬ部分もあったかと存じますが、最後までお読みいただき誠にありがとうございました。

企業改善とコロナウイルス対策の一助となればと思い、書きおろしました。

コロナ禍前、モンゴル、中国、韓国、ベトナム、アメリカ、オーストラリア、イタリアなど世界を10か国くらい周りました。どの国も素晴らしい国でした。しかし、コロナ禍を通して、一層日本の美しさと日本人らしさに誇りを持ちました。

また、執筆を通して、日本はなんと災害の多い国なのか、また、そのリスクと命懸けのギリギリの線で人々が関わっていることを改めて思い知らされました。

私は日本中ほとんどの地域を回りましたが、風光明媚なところほど自然の厳しさがあります。

この国はなぜ美しいのでしょうか？

古来より災害と共にその自然の恩恵を受け、自然を神様として大切に生きてきたからだと思います。山の岩、大木、滝には「しめ縄」が巻かれています。たしかに守ってくれているようなありがたさを感じます。美しさ豊かさと同時に災害も多いから、日本人は災害を乗り越える勇気と工夫と団結力を持ち続けているのだと思います。

多くの鉄筋コンクリートの建物や堤防も疲労を迎えてきている頃で、南海トラフの脅威も高まり毎年ハザードマップが書き換えられています。

そんなときにＢＣＰという日本のためにつくられたような計画ができました。しかし、つくっていると、「それ要る？」「要らんじゃろ！」というような部分に出くわします。そのときは、どうぞそこを過ぎて、次の項目を書き進めてください。

３ＳＫやＢＣＰに本気で取り組む企業は、整理して、「要る要らない」ができるようになりますから、業務も改善され、業績もよくなります。コロナ禍で売り上げがどん底に落ちた企業も、改善、団結、創意工夫で乗り越えています。

本書を読んでくださったあなたが、どんな立場であっても、できることから、できるレベルで、伝えてください。広げてください。関わってください。

末筆ながら、今まで私と関わった方々に多くのことをご指導いただきましたことに心より御礼を申し上げます。

ＢＣＰは大事です。マニュアルも大事です。体で覚えることがもっと大事です！

最後に、心に思い、声に出すことがもっともっと大事です！

「慌てない！」「怖くない！」「大丈夫です！」「私は強い！」「なんとかなる！」

また、どこかでお会いできますよう心よりお祈り申し上げます。

山口　泰信

著者略歴

山口　泰信（やまぐち　たいしん）

1968年長崎雲仙市生まれ。株式会社BCPJAPAN代表取締役。

1995年阪神淡路大震災に遭遇し、神戸生田中学の2300名の避難所代表として、災害支援の中核として、3か月間の役割を果たし、最も早く授業を再開させた。

2004年中越地震では大阪市緊急支援一般車両第一号支援を行う。

その後、各種資格取得、2009年「防災・3SK・BCP」のコンサルティング会社を設立。2011年東日本大震災時は東北でBCP指導中の工場で被災し初動対応を実践した。

現在、AEDや心肺蘇生訓練、防災訓練、3SK＝整理整頓清掃危機管理研修、防災講演、BCP策定支援（80社以上）など、商工会・商工会議所・工場・ホテル・学校・オフィス・福祉施設など組織に対して年間150回以上の研修や現場指導を行っている。


スタッフ30名以下の介護事業の「防災BCP（事業継続計画）」

2021年12月24日　初版発行　　2024年8月28日　第4刷発行

著　者　山口　泰信　© Taishin Yamaguchi

発行人　森　忠順

発行所　株式会社 セルバ出版
〒113-0034
東京都文京区湯島1丁目12番6号 高関ビル5B
☎03（5812）1178　FAX 03（5812）1188
http://www.seluba.co.jp/

発　売　株式会社 三省堂書店／創英社
〒101-0051
東京都千代田区神田神保町1丁目1番地
☎03（3291）2295　FAX 03（3292）7687

印刷・製本　株式会社丸井工文社

●本書の内容に関する質問はFAXでお願いします。

Printed in JAPAN
ISBN978-4-86367-719-7